THE HISTORY OF THE REVOLUTION OF FRANCE

法国大革命史

〔法〕拉博·德·圣艾蒂安 著 顾伟 译

金城出版社
GOLD WALL PRESS
·北京·

图书在版编目（CIP）数据

法国大革命史 / (法) 拉博·德·圣艾蒂安著；顾伟译. — 北京：金城出版社有限公司，2022.10
（金犀牛文库）
ISBN 978-7-5155-0936-5

Ⅰ. ①法… Ⅱ. ①拉… ②顾… Ⅲ. ①法国大革命—历史 Ⅳ. ①K565.41

中国版本图书馆CIP数据核字(2022)第120530号

法国大革命史

作　　者 [法]拉博·德·圣艾蒂安
译　　者 顾　伟
责任编辑 杨　超
责任校对 欧阳云
责任印制 李仕杰
文字编辑 叶双溢
开　　本 710毫米×1000毫米　1 / 16
印　　张 16
字　　数 200千字
版　　次 2022年10月第1版
印　　次 2022年10月第1次印刷
印　　刷 北京兰星球彩色印刷有限公司
书　　号 ISBN 978-7-5155-0936-5
定　　价 72.00元

出版发行 **金城出版社有限公司**　北京市朝阳区利泽东二路3号　邮政编编：100102
发 行 部 （010）84254364
编 辑 部 （010）64214534
总 编 室 （010）64228516
网　　址 http://www.jccb.com.cn
电子邮箱 jinchengchuban@163.com
法律顾问 北京市安理律师事务所　（电话）18911105819

译自拉博·德·圣艾蒂安的法语版

书中的考据与译名对照表为编者所加

序言

比起其他已出版的同名书籍，本书可以更好地献给读者。拉博•德•圣艾蒂安先生因在国民议会中担任立法者和演说者而声名鹊起。他能力卓著、热心积极。他撰写法兰西历史的初衷是驳斥那些对自己祖国名声的诋毁，因此，他不愧为国民历史学家。

拉博•德•圣艾蒂安先生的笔触简短、优美，长于雄辩、令人折服。他的这部作品简洁、生动地记录了举世闻名的法兰西大革命的起源、直接原因、发展过程及结束。[①]他以绝不逊色于古罗马元老院议员塔西佗的笔法描绘了每一个有利于自由建立的难忘场景。他一方面描绘了顽固的偏见、盲目的迷信、阴谋诡计、自私的背叛及专制暴政的野蛮，另一方面记述了爱国主义的正直和慷慨、开明立法的睿智和民众的激情涌动。他的风格似乎兼具大卫•休谟的庄严和伏尔泰的鲜明讽刺。

我相信，本书的出版将会使那些渴望在英国进行一场革命的幻想家浮想联翩。而下文将向每一位没有对现有革命思潮屈尊的读者证明，革命对法兰西是多么不可或缺，同时也会证明，革命对于英国来讲是多么没有必要。我们会发现，历史发展的这一轨迹对我们绝对有利，因此，在读过此书之后，每一个诚实的英国人都会回溯这段历史，并大声疾呼：我们不需要革命。

同时，我也绝不认为我们的社会制度无须改革。毫无疑问，英国还有诸多弊端，但通过立法，我们足以解决弊端、修补现有制度。不过，立法措施成功与否取决于立法者和实施者。并非每个渴求改革的公民都能承担改革者的庄严职责，狡猾的手腕和巧言令色的野心无法承担爱国主义者才能胜任的改革职责。通过改革，那些制造麻烦的污秽之流会被阻挡在社会之外。每个国家都有政治人物，他们的名号恰恰会对他们要采取的措施不利，他们的一举一动也会玷污立法的纯洁。

---

① 我并未翻译拉博·德·圣艾蒂安先生原作附录中的期刊，另外，原作中也附有法兰西王国宪法的副本。（此为英文版注释，未明示的均属此类情况。本书新加注的皆标“译者注”）

英国人的理智会使他们反对那些认为一切皆对的极端怯懦，也会否定那种认为一切皆错的无原则的狂徒。

当有人向法兰西立法者提议他们效仿英国的宪法时，大多数的法兰西立法者说："英国宪法不适合法兰西国情。"

所以，对于那些把法兰西宪法夸大为适合英国的改良版宪法时，难道英国人不是更有理由回答说"那不适合英国国情"吗？

那些痛骂革命的小册子缺乏智慧，只是在发泄情绪，其措辞狭隘，既不明智，也不公正。本书将为法兰西大革命辩护。侮辱和中伤一个正在努力摆脱非基督教暴政统治的国家是狭隘的，也是不明智的，因为没有人知道等待这个国家的会是什么；因为这个国家所受的迫害、它的顽强抵抗及它被奴役的经历，会引起每个人的关注；因为大家会迅速对这个国家产生好感，并因之前轻率地误解了它而想要补偿它。总而言之，正如近年来美国的情况一样，繁荣可以使所有的基督教徒都同意国家的主张。侮辱和中伤一个正在努力摆脱非基督教暴政统治的国家也是不公平的，因为没有哪个国家有权谴责另一个国家的内部立法，更不用说个人了，因为国家的立法本身就是一个独立的权力系统。为了激起国民对法兰西自由主义者的憎恨，英国浪费的人才和时间令人震惊。政客们应该痛惜法兰西自由主义者们所犯的错误，而不是咒骂这些错误：就像摩押国王巴勒召巴兰来诅咒以色列人，但巴兰依照神的命令祝福以色列人一样。

君主们总是在抱怨，他们的臣民过于看重共和精神了。毫无疑问，共和精神的影响大大增强了。原因显而易见：共和政体有更多的机会来展示自身独有的优越性，同时理所应当可以期待获得应有的回馈。上帝和自然赋予共和政体值得称道的"雄心壮志"。天才永远是积极进取的，他们不会顺从于庸碌无为的统治。在君主政体中，凭借功绩也可以晋升至应有的地位，但这比在共和政体中的晋升要困难得多：因为君主们身边总是充斥着觊觎高位、巧舌如簧的小人，所以有才能的人单凭功绩几乎难以获得晋升，并且事实上还会因此遭到排挤。

君主无法履行自己晋升有功人员的职责或许对公众有利，或者说更有益，因为有才能的人无须依附于君主和大臣。

很高兴我有足够的时间和精力来翻译米拉波伯爵和他那爱国的同僚拉博·德·圣艾蒂安先生的作品。只要法兰西立法者们的工作无损基督教的真正原则，只要他们是为人类谋福祉，那么他们就应该得到那些钦佩他们的、慷慨宽容的人的最美好祝愿，尽管这些人也会哀叹立法者们的错误。

詹姆斯·怀特①

1792年4月26日

于伦敦

① 詹姆斯·怀特为本书法文版的英文译者。

目录

二

第 1 章

致命的财政危机

本书的目的是讲述法兰西大革命的部分历史。希望每一位读者都能读到它，并将它传播到世界的每一个角落，这样就能驳斥那些污蔑法兰西王国的言论，而这些言论恰是自由的敌人极力散播的。

革命背后隐藏的原因只能交由后人判断，这些原因所引发的革命加速了权力下放，但一般原因还要再往前追溯。人类的发展促成了革命，而从某种程度上看，法兰西大革命前召开的议会宣告了革命的开始。如果说有什么事情使外国人震惊的话，那就是在众多激昂的革命者和敌对势力引发的动荡中人们体验到的幸福感。革命的暴风雨似乎要一次次颠覆政治体制的小船，而凭借其坚实的骨架和优秀的领航员，这艘小船一次次躲过了被颠覆的命运。这三年的革命令人难忘，场面惊心动魄。它经历了开始、发展和结束。私人利益促成了各种阴谋，而这些阴谋都在伟大的立法机构和国家本身的强大力量面前灰飞烟灭。直到国王路易十六接受新宪法，这场轰轰烈烈的革命才暂时告一段落。

法兰西王国的穹窿中仍有乌云不时飘过，使某些特殊利益体烦恼的是，他们发现自己必须服从整体的利益。有关特权的斗争仍在继续，这毫无意义。贵族们的优越只存在于他们的幻想中。哪怕特权已经被废除，贵族仍旧自鸣得意地认为特权还存在。封建制度不复存在，但贵族仍竭力恢复封建制度腐朽的思想。他们想把12世纪愚昧的骑士思想纳入18世纪的启蒙思想。因此，虽然年岁增长，但这些贵族并没有意识到他们笃信的箴言会随着时间的流逝而过时。他们身边的一切都发生了变化，所以他们自身也必须作出改变，否则他们就会被社会淘汰。当原有的社会体制不再被公众支持，它还能站得住脚吗？

神职人员举着所谓和平宗教的旗帜，寻找制造矛盾、发动战争的借口及手段。他们扰乱家庭，分裂国家，根本无法放弃财富和权力！

不久，下层人民就会掌握新知以摆脱被奴役的命运，尤其是最危险的思想奴役。届时，要么神职人员成为普通公民，要么普通公民抛弃神职人员[①]。

在之前的野蛮时代和专制时代，滥用权力的神职人员日益增多，但现在消失了。神职人员一度得到专制王权的支持，专制王权设置神职人员，并将其作为王权专制的工具。因此，在过去的两年中，神职人员虚伪地依附、维护王权。支持贵族阶层就是支持国王。但虚伪永远不会带来成功，除非它所面对的对象轻信他言。从路易十六自愿限制王权的那一刻起，神职人员就被剥夺了一切借口。自这时起，我们就看到神职人员为恢复自己的特权而公开斗争，但最终他们不得不认清现实，尽管他们不断地制造麻烦，但法兰西王国根基已定，宪法已确立，我们书写这场大革命史的时刻已到来。

几个世纪以来，法兰西民族一直受制于专制法律，这些法律给人民的生活和财产带来了沉重的负担。在自由国家里，人民至上；而在专制王权下，人民贱如蝼蚁，被形形色色的暴君奴役，以至其最纯粹的特性都被赋税、暴力、官场、迷信、特权耗尽了。仅法兰西国王征收的税就比欧洲其他强大的国王所征之税总额还多。神职人员免费获得国王领土净收入的五分之一。此外，神职人员拥有大量财产。而除了随意施与的无偿恩赐，神职人员却无甚贡献。封建制度赋予贵族的收入对农业来讲是真正的负担，同时带来了无数烦恼，这有失国家的脸面。尽

① 也就是说，法兰西人会像苏格兰人那样，学会如何摆脱主教制度。

管拥有巨额财富，但贵族们认为自己不需要为公共事业承担任何费用。因此，公共负担全部落在了平民身上。特权阶层和贵族阶层利用专制特权获得或换取了不缴纳国家赋税的权利。官场腐败导致司法腐败，每场诉讼都是诉讼当事人的负担。这是灾难性的负担，诉讼当事人不但因此交税，而且常常会丧失全部财产。

尽管人们交的税如此繁重，政府还是想要征收新的税种。与此同时，王室的开支十分随意，而一直以来，平民交的税都浪费在了浮夸无用之处。国王路易十六周围充斥着贪得无厌的男人和自私自利的女人。他们用种种借口挥霍着国家的财

路易十六

富。国家往往为了少数人的利益而发动破坏性的战争。之前两任国王[①]在位期间都发生了战争，给人民带来了灾难。迫不得已才贷的款不断给国家带来巨额债务，所有人都对国家的财政状况感到震惊。除了令人沮丧的破产，国家没有任何前景可言。

对于财富的专制常常伴随着对人的专制。为了获取平民阶层的财富，国家就要奴役平民。自从欧洲效仿亚洲组建君主自己的军队以来，国王就成为其臣民生命和财富的主宰。这种机制是君主设计出来的，旨在削弱各封地的势力、解除各封地珍视的军事力量。这标志着欧洲专制时代的开始。君主们发动战争，却将战争的责任归咎于人民的愚蠢，这就为辱骂军队提供了借口，而辱骂军队又成为发动新战争的借口和手段。没有军队，暴君们就不会取得什么成就。无论在什么地方，如果你看到一支军队是由它的主人支付薪酬，你可能会说，这个人是专制君主，或者说会成为专制君主，那自由也是如此。以前，我们的国王只有在获得人民同意之后才会制订法律，但现在的国王再也不屈尊与人民协商。国王的意志就是最高法律。君主制的本质发生了改变，成为希腊人所说的暴政，即统治者的专制政府。广阔的版图使国王不可能事必躬亲与大臣们协商就是法兰西国王统治一切的方式。专制君主有时会希望人民幸福、国家繁荣，因为这是其家族的遗产。而毫无疑问，大臣们也会注重建立自己的权力、维护自己的利益。法兰西王国专制史上有一个时期为首相制时期，当时人民或多或少地受到奴役，因为大臣们或多或少有些专制。首相制后期，大臣们通过一些特别的做法，满足个人复仇、秘密逮捕、任意囚禁的需要。同时他们增加了充盈国家财富的手段，办公场所和雇用人员被售出，其所得不但充实了国库，也充实了他们的个人腰包，支撑了幕僚开支。

一个国家如果只服从一个人的意志，就或多或少地有专制色彩，但没有哪

---

① 指路易十四与路易十五。——译者注

枢机主教黎塞留

个国家比法兰西王国遭受的压迫更屈辱。从枢机主教黎塞留①执政开始到1789年议会成立，国王的子民一直遭受暴政的重压，承受了更多的屈辱。但人民天生拥有一种不可言喻的天赋，叫作“精神”，并且侧面受到了哲学家的启蒙。国王的顾问们嘲笑人民的判断，嘲笑人民对世事的讽刺。最后，随着人民认识的提高，人们普遍意识到尊严的重要性。但这毕竟只是普通人的想法，因此顾问们依旧专

① 即阿尔芒·普莱西（1585—1642），法国神父和政治家，1624年成为法王路易十三的首席大臣，试图巩固王权，通过限制贵族的权力，将法兰西王国变成一个强大的中央集权国家。——译者注

横、傲慢地藐视民意。正是顾问们对民意的无视导致了他们的毁灭。专制政权未能意识到自己是可以被推翻的，这才导致了专制政权的衰落，这一点怎么强调都不过分。

专制政权压垮了人民。专制政权发动不公正的战争，不断给人民带来负担，并带来种种罪恶的不公。难道我们没有充分的理由去谴责这一切吗？我们的后代会幸庆，正是因为这一切，他们才可以享受自由。路易十三的母亲玛丽·德·美第奇太后[①]的统治野蛮、专制。这个邪恶的外国人让法兰西王国沾满了其子民的鲜血。在她之后是枢机主教黎塞留的统治时期，也就是个人专政时期。从此，法兰西人就一直受枢机主教黎塞留言语的支配。经历了枢机主教黎塞留的铁棍压迫之后，法兰西人又遭受狡猾的枢机主教朱尔·马萨林的蹂躏。枢机主教朱尔·马萨林让那些仅仅被其他神职人员恐吓和贬低的人完全堕落。崇高、独立的精神现在已不复存在，而在法兰西宗教战争中，法兰西边境纳瓦尔王国国王亨利[②]就靠着那些拥有崇高、独立精神的人抵御外敌。但现在每个人都屈膝于自己的主人，因为枢机主教黎塞留教给人们的就是阿谀奉承。

路易十四的使命就是要统治这些人。因此，在他的统治下，崇高与卑鄙并行，腐败与骄傲结合。他的所作所为广为人知，而后人可能会反受其臣民阿谀奉承之害。如果路易十四能够用他的荣耀来保护艺术，那该多好！如果路易十四能够看到枢机主教黎塞留种下的专制制度的恶果，那该多好！如果路易十四能以其统治时期的壮观宏伟，而不是那些虚假财富无法补偿的悲惨来震惊世界，那该多好！路易十四对征服的渴望挥霍了其子民的鲜血和财富，他的傲慢自大引起了整个欧洲的仇视。他对善良人民的暴政，浸透着鲜血，最终导致法兰西人口的减少。路易十一只有一个地牢，并替牢中关押的俘虏忧愁。路易十四有一千个地牢，

① 玛丽·德·美第奇（Marie de Medici, 1575—1642），意大利人，法王亨利四世的第二任妻子，也是1610年至1617年间法兰西王国的摄政王，当时其子路易十三尚未成年。1614年，路易十三达到亲政年龄，但她拒绝辞任摄政王，直到1617年被罢免。——译者注

② 后人主法兰西王国，史称“亨利四世”。——译者注

但他对自己子民的哭诉充耳不闻，并让自己沉浸在以肉欲和豪奢著称的宫廷中。路易十四为贵族的堕落铺平了道路。他把贵族从各自的城堡中引诱出来，用绶带、勋章、荣誉消遣他们，使他们堕落。[①]即便当贵族的头衔变成贪赃枉法的手段，其目的是攫取金钱时，舆论仍会维护贵族的特权。[②]因为所有欧洲人和法兰西人一样，都将法兰西王国贵族的地位视为至高无上。

一方面，路易十四的政绩在于对外省的征服及对艺术的极致追求。路易十四时期的艺术比雅典时期的艺术还要典雅，其艺术品位和文雅是其他所有宫

路易十四

① 布拉沃（Bravo）说，这是真正的信仰。

② 法兰西王国因金钱问题出名了。

廷的典范。更重要的是，它结合了法兰西王国统一之前的各行政区、政府及法兰西民族的风格。另一方面，在路易十四参加的各类战争中，有五六十万人丧生，还有五六十万人逃离了法兰西王国。他们怀着对路易十四的憎恨，将路易十四喜欢的艺术作品带到欧洲各处。在路易十四统治后期，国家担负着巨额债务，遭受着巨大灾难，人民经历着现代人从未经历过的苦难。路易十四巩固的君主专制制度是他留给我们的遗产。[①]从大臣到低级官员都罪恶连连。大家都愿意在主人面前卑躬屈膝，这样他们就有权蔑视自己的下属。无论是君主还是大臣，[②]这种奴颜婢膝代代相传。在国外的军队看来，路易十四的军队曾经坚不可摧，但这支军队现在只能被用来震慑自己的子民。有一万名带着花边装饰和军帽的奴隶成为路易十四的近卫，而这种旨在让平民眼花缭乱的王族服饰，只能说明路易十四与自己的子民之间遥远的距离。在崇尚平等、自由的制度下，路易十四这个专制君主的品德、傲慢和虚荣只能被视为罪恶和伤害。

路易十四去世后，他的弟弟奥尔良公爵腓力一世短暂摄政。摄政时期唯一的特点就是混乱，只有法兰西王国才会陷入这样的混乱。政府的原则没有发生改变。路易十五发现君主专制的机器已停止运转，他能做的只有改革。在路易十五的统治下，王室就是一切，而王国什么都不是。官职和贵族头衔售卖的数量上升到荒谬的程度。宗教争端是最荒谬的，因为三十多年来，没有人理解这些争端。这些争端让路易十五的统治蒙羞。法兰西军队曾经为荣誉而战，但之后，法兰西王国常常无端发动战争，师出无名，无所事事，毫无所得。法兰西王国成为其他所有国家的笑柄。税收和等同税收的贷款正在耗尽农业资源，而商业受到无限的压制。因为王室本身就藐视商业，被压制的商业活动会到其他地区寻求鼓励并获得付出该有的报酬。政府只想维持自己的影响力；大臣们只想搞阴谋诡计；王室只想掠夺财富，以维持奢侈的生活；贵族只要荣华富贵。在各种谋求

① 一条压迫链。

② 各个层级的统治者都是如此。

私利的算计中，国家的荣誉和力量变得无足轻重。

就这样，欧洲最伟大的王国之一——法兰西王国濒临衰落。国民性格受到了考验。法兰西人倾向于学习其他国家的政治形式，唯一的原因就是他们没有自己固定的性格。政府的不作为影响了[①]社会秩序，而王室的奢靡之风又影响了政府。道德枷锁剥夺了独立和自由的思想。它用一种思想束缚所有的思想，用一种意志禁锢所有的意志。同样，舆论也存在专制，而舆论专制就存在于王室中，因为公共舆论还没有形成，规范舆论的严厉的法律机制还未建立。这种规范舆论的法律被冠以“邦顿”[②]的名称。它既反复无常又专制，几名女性及柔弱的男性就依据这种愚蠢的法律被处决了[③]。法兰西人没有自己的性格，模仿成了法兰西人的特点。我们也许要把艺术的衰落归咎于法兰西人排除一切伟大思想的污秽本质。但正是在法兰西王国，艺术曾经辉煌地发展。法兰西人被赋予完善并润饰其他国家发明的天赋，但他们没有被赋予创造性天赋，因为创造性天赋不屑存在于专制制度中。

写这部法兰西大革命史的目的，就是追溯人们在看待无意义的政治事件时思想上潜移默化的变化。欧洲几个地区的情况证明，哪怕没有独立的国家存在，人类也可以繁衍生息。法兰西王国曾经地域广阔，人口众多，人民赋有天赋，在欧洲享有很高的地位。但现在法兰西王国不再有任何优势，那些成为当前革命奠基者并目睹路易十五统治结束的先锋人士都没有忘记，曾经的国王、政府和国家多么不作为。

然而，正是在路易十五的统治时期，打破专制统治枷锁的武器被锻造出来。在人类思想进步的过程中，哲学时代必然接替艺术时代。我们起初模仿自然，最终研究自然。我们首先要观察研究对象，然后探究原因和原则。路易十五统治

---

① 法语原文是Se communiquait，意思是“交流”。

② 法语单词Bon ton的音译，意思是“时尚、新潮”。——译者注

③ 因此，法兰西王国的一位元帅给一种新发明的发粉起了个名字，并教他的同胞如何用一种发粉掩盖另一种发粉的臭味。

时期，文人们拥有了新的特征[①]。当诗歌领域、建筑领域、绘画领域和雕塑领域杰作频出，当艺术的主要优势，即新颖性日渐枯竭，当崇高的观念变得难以被接受，我们自然会转而考察原则本身。探索的理性时代接替了艺术的想象时代。这种理性的最初影响扑灭了宗教纷争的火焰，而在两个世纪的时间里，宗教纷争阻碍了法兰西王国的进步。我们现在已不再那么专注于抽象的思想。除了有利于靠其生活的那一类人、增加这部分人的财富，这些思想没有别的用处。这些注重抽象思想的人获取的科学、艺术和乐趣改变了思想的发展方向。无论路易十四和他那虚伪王室的无聊争议怎样荒谬，他们无法给予这些人财富，这就是那个时代的特点。

值得注意的是，在这个关键时刻，法兰西王国和欧洲北部建立了联系。在欧洲北部，舆论更加自由、独立。截至目前，欧洲南部一直用虚假的箴言来指导法兰西人，或者用虚假的政策来影响法兰西人。罗马给了法兰西人宗教，意大利给了法兰西人权谋主义、奢侈的生活方式和艺术，西班牙带给了法兰西人内战。法兰西人所有的观点、所有的争论都源于异域。从十字军东征和意大利战争，再到著名的教皇印玺事件[②]，罗马一直指导着法兰西人。对法兰西人而言，欧洲其他地方似乎不存在。然而，当真正完善的哲学启蒙了欧洲北部，当法兰西人开始思考和反思时，重要的思想交流就开始了。[③]英国、荷兰共和国、瑞典王国和神圣罗马帝国有很多大学，尽管大学里也有迂腐的学究，但哲学教授还是非常理性的。这些理性的国家以怜悯的眼光看待那些尚未启蒙的国家，但这种偏见不会给它们带来什么好处。那些被逐出天主教教会的欧洲国家是最开明的。

约翰·洛克、约翰·克拉克和艾萨克·牛顿和戈特弗里·威廉·莱布尼茨，以及法兰西和意大利一些学者的交流被视为人类思想发展的极大进步。令人惊奇

① 实际上在许多方面都很好，只有在一方面很糟糕。
② 我猜想原作这里指“Unigenitus”宪法事件。
③ 法语原文为“les esprits superieurs”，意为“优秀的思想”。

约翰·洛克

的是，尽管哲学家们的宗教信仰各不相同，但他们都拥有宽容的精神。这种交流的范围扩大得很快。法兰西人太高看自己和自己的语言，结果把外国人的箴言视为野蛮人的粗语，因此就不向外国人学习。约翰·洛克是公认的“思想之父”，率先用自己的著作证明“哲学就是理性”。如果没有约翰·洛克，法兰西王国可能永远不会出现孔狄亚克这样的哲学家。很快，人们就开始找寻其他优秀作品，即那些关于英国人的反思和思想独立的作品。因此，伏尔泰①完全有理由夸口说，是他率先向法兰西人介绍英国哲学家的作品的。

因为孟德斯鸠②的出现，法兰西王国已经完全配得上哲学了。孟德斯鸠在用

① 伏尔泰（1694—1778），法国启蒙运动作家、历史学家和哲学家，是法兰西资产阶级启蒙运动的泰斗，以其对基督教（尤其是罗马天主教会）及奴隶制的批评，以及倡导言论自由、宗教自由和政教分离而闻名。——译者注

② 孟德斯鸠（1689—1755），法国启蒙时期思想家、律师，西方国家学说和法学理论的奠基人，最具影响力的作品是《论法的精神》。——译者注

《波斯人信札》中那些巧妙而坚决的批评，[1]激发了人们的某种勇气。他《论法的精神》教导人们要深度思考。孟德斯鸠对政权的思考包含了所有自由的原则，借助时间、理性，同时得益于专制制度的错误，这些原则幸运地得到了全面完善。同时，有一个人为理性在法兰西王国的发展做出了最大的贡献。他在年轻的时候就用绝妙的诗歌迷住了每一位读者。他拥有人类的所有天赋，他完善了人类的每一种知识，他勇于反驳所有的谬论，他为一切受压迫的人伸张正义。六十多年来，他一直引导并主宰人们的思想。[2]我问现代那些至少学会独立思考并且摒弃偏见的人，他们是否该把自己的这些优点归功于伏尔泰，归功于他不屈不挠地唤醒了沉睡的法兰西王国，没让时代在真理面前昏睡。伏尔泰明智的教导、精辟的评论和尖刻的讽刺，使偏见无处容身。直到他说服了无数支持腐朽制度的人之后，他在政治舞台上便所向披靡。

孟德斯鸠

① 当时是坚决的。
② 嫉妒别人和被人嫉妒的人，就像人类的朋友和敌人一样，既嫉妒他人，又被他人嫉妒。

伏尔泰热爱人类，他一直努力保护那些悲惨的人，追求自由。在伏尔泰的作品中，我们可以找到所有自由的原则和大革命的火种。伏尔泰预言了大革命，引发了大革命。他不断破坏专制制度的基础。环境和时间允许伏尔泰启蒙两代人去追求思想自由[①]，这是多么幸福！正因为伏尔泰时时对专制制度错误的关注。因此，当人们的思想需要完全改变时，法兰西人明显快了一步。

后来，这些天才自成一派。天才的著作传播了大量真理，这些真理又吸引了大量的信徒。因此，开明的法庭得以建立，它甚至可以审判大臣和国王。这个法庭就是舆论。舆论这种调查法庭是古人所不知的，因为他们还不懂印刷，并且那时约束人们的是风俗和法律。那些信奉一本圣书的民族，如犹太人、穆斯林、格布尔人[②]，其观点从来不会改变。因此，他们的思想从始至终都不会有哪怕一丝的改变。他们的医生永远是对的，因为他们从来都不会反驳。这也是专制制度能在亚洲长久存在的原因之一。

思想专制也会剥夺人们读书的权利。人们记得，最初敢于公开真相的作家都遭到了怎样的迫害，巴士底狱的地牢将他们生吞活剥，议会污蔑他们的声誉。[③]然而，随着敢于发声的作家越来越多，并团结起来，不再惧怕人民唾弃的审判的时候，真理就渗透到各处。书籍打破了王国内的每一处藩篱，进入千家万户。终于，迂腐的宗教裁判所不再迫害他们了。新闻自由最暴力、最强劲的敌人就是耶稣会士，当他们已不复存在之后，便没有人敢再如此专横和顽固地迫害作家。

当法兰西人的思想一度转向有指导性意义的书籍时，他们的注意力就扩展到了政府的未知之处。百科全书就有这样一种独特的优势。它包罗万象，让所有学识渊博之人都可以基于自己所学，探讨政治、经济与金融。学派，或者更确切

---

① 从宗教的层面来看，如果自由思想没有堕落为放纵，那便是福祉。

② 格布尔人是伊朗最古老的一神教创始者、波斯先知琐罗亚斯德的信徒。后来，一部分格布尔人进入印度，被称为“Parsees”，即波斯人之意。——译者注

③ 法语原文是“les honoroient de la fletriffure”。

地说教派，仍然将自己的主宰者[①]当作神谕来咨询。教派曾掌控着舆论。经济学家被指责用语晦涩，不适合阐释简单明了的神谕真理。人们认为，因为经济学家无法让别人理解他们，所以他们也不了解自己。但我们应该感谢经济学家善良的固执，是他们让法兰西人开始反思政府管理的学问。正是因为他们始终如一地让我们关注同一个问题，人们才得以表达自己的思想。表达自己的思想并不复杂，所以这些想法变得越来越普遍：只有自由才能造就繁荣；天才不应该受到任何束缚；自由出口玉米是国家的富饶之源；不能对农民基本的劳动成果征税，而是应该对其满足自身需要之外的剩余成果征税。毫无疑问，很久以前人们就表达过上述观点，只不过百科全书的作者一遍遍地重述这些问题，[②]这些观点就成了真理。[③]但政府不仅对这些真理置若罔闻，而且总是反其道而行之。因此，启蒙和激励自己的同胞就变成了崇高的事业。

让·雅克·卢梭

人们习惯倾听“自由”这个词悦耳动听的声音的时候，专制政权对自由还没有完全恼怒。让·雅克·卢梭[④]是一位配得上希腊时代和罗马时代的哲学家，用更宏大的语言来传播自由。卢梭向崇高的灵魂致敬，向富有情感的灵魂之爱致敬，让自由始终铭刻于心。他赞美自由超然的魅力、迷人的热情、神圣的庄严与永恒的牺牲。他从来没

① 伏尔泰。

② 不断地重复。

③ 对于那些挑剔的人来说，这难道不是一个很好的答案吗？值得注意的是，那些最容易感叹思想的陈腐之人，却从未贡献过新的思想。我坚持认为，最后这个观点并不陈腐。我们现在是否应该发明一种新的祷告形式，来替换我们已经使用了近一千八百年的祷告词呢？

④ 让·雅克·卢梭（1712—1778），法国著名启蒙思想家、哲学家、文学家，其政治哲学影响了整个欧洲启蒙运动的进步及法国大革命的各个方面，以及现代政治、经济和教育思想的发展。其著作《论不平等》和《社会契约论》是现代政治和社会思想的基石。——译者注

有把自由和美德分开，因为没有美德，自由只是短暂的。最终，他创作了《社会契约论》，这部不朽的作品确立了人们对自由的看法。它集合了所有自由原则，而所有勇敢的精神都基于这些自由原则。总有一天，这些原则会从书中抽离。在国家追求自由的过程中，这些原则将自由建立在坚实的基础之上，让自由永恒。卢梭之后，纪尧姆·托马斯·雷纳尔[①]猛烈抨击了各种专制统治。他在同胞的审判席上控诉专制，冲破一切束缚、挣脱一切枷锁、勇敢地揭露所有虚伪，在他所生活的时代传达了他对暴政的愤慨[②]。人们没有忘记雷纳尔的作品所产生的影响。在专制主义极度无耻、罪恶的时代，他的作品表达了对所有罪恶的憎恨。这就是路易十六登基时整个社会的心态。

路易十六本性善良，热爱人民并厌恶暴君，他的言行都证明了这一点。从年轻的时候起，路易十六就表明了要解决滥用权力问题的决心，这让大臣们不寒而栗。但法兰西王室的惯例是，王位继承人不得干涉国家事务，[③]这样才能更顺利地继承王位、统治国家。这也是困扰路易十六的主要原因。如果有适当的指导，他原本可能会挽救这个国家，因为他天生是个经济学家，而民众的主要不满就是贵族大臣们对国库的掠夺。

路易十六希望自己能有个顾问，他在父亲的朋友中寻找到了莫勒帕伯爵[④]。他以为自己召来的是一位贤人，一位经验丰富的老臣[⑤]。但菲利普克斯除了尽可能让路易十六的统治更长久一些，并无甚贡献。

---

① 纪尧姆·托马斯·雷纳尔（1713—1796），启蒙运动时期的法国作家、思想家和牧师，持废奴主义立场，因编著《欧洲国家历史哲学和政治》而声名鹊起。——译者注

② 不过，令人奇怪也令人惋惜的是，这些非常有能力的人用如此敏锐的眼睛看到了宗教的弊端，却不能区分宗教的无用之物和基督教纯洁而强大的精神力量。这些人都醉心于破坏公民社会的基础。

③ 难道其他王室没有这种做法吗?

④ 即让·弗雷德里克·菲利普克斯（1701—1781），法国政治家，1718年担任路易十六的宫廷大臣，掌管宗教事务和巴黎市政。由于劝阻路易十六实行经济与行政改革，他对最后导致法国大革命爆发的政府危机负有一定的责任。——译者注

⑤ 优秀的人。

在整个统治过程中，路易十六始终屈从于自己所认为的民意。就像每个人在其一生中都会被某种惯性思维支配一样，路易十六也经常如此。登基时，他召回了被解散的议会，并击退了勒内·尼古拉·德莫普[1]的报复。议会被视为国家的一部分，就算无法支持国家的发展，至少也是国家的希望。虽然它的抗议软弱无力漏洞百出，但至少是反对专制的屏障。专制统治已经耗尽了每个人的耐心，三年来，人们一直关注议会被解散的问题，并产生了大量关于政府的作品。按照启发我们这一代人的那些原则，我们不可能不彻底审视和研究人民的权利、国王的职责，并发表我们的观点。在一个思想交流如此迅速、人群如此聚集的大城市，我们不可能不呼唤自由，而自由就是权力滥用最大、最普遍的敌人。[2]

事实上，滥用权力的现象依然存在。路易十六将劳内男爵[3]召到财政部，这是为了用良好的德行来限制权力的滥用。劳内男爵在利穆赞受过商业训练，并获得了可靠的声誉，这无疑会使人们尊敬他。他极具天赋、坚持原则，这有助于他利用自由、工业及给予每个人行使自由的权利来扩大商业，通过简化税收来发展农业。他通过救济比较贫困的阶层来改善人们的生活，通过普及一般行政制度的特殊部门来完善一般的行政制度。劳内男爵拥有洞悉一切的能力，并早已知晓立宪议会告诉人们的重要真理，即有必要重组整个国家机器。他渴望做到这一切，也因此受到了责备。他说："我的家人没有谁超过50岁。我就只有几年活头了，我应该把我该做的都做了。"这激起了一群贵族的反对。这群贵族根本无视人民的悲惨生活。敌人无处不在，劳内男爵不得不隐退。

接任劳内男爵的是尼伊男爵，之后接任尼伊男爵的是雅克·内克尔。劳内男爵的政治经济学和金融知识让他在巴黎享有很高的声誉，但当时他还不为整个

---

① 勒内·尼古拉·德莫普（1714—1792），法国政治家、大法官，路易十五统治时期的法国修道士军官，曾一度剥夺法国高等法院的政治权力。——译者注

② 呼唤摒弃一切弊端的政权。

③ 即安内·罗伯特·雅克·杜尔哥（1727 —1781），18世纪中后期法国古典经济学家，经济学上重农学派的重要的代表人之一，于1750年首次提出了人类社会"进步"的完整概念。——译者注

法兰西王国熟知，他珍惜自己的荣誉，热爱公共事业。劳内男爵筹划了经济改革的计划，但由于王室的挥霍，他的一切努力都化为泡影。信赖他人的美德是他值得尊敬的错误。总体而言，不知他是因为由衷地热爱荣誉，才使他坚信没有人们的尊敬就没有什么值得争取的东西，还是为了获得国家的支持以对抗那些自己与之格格不入的、善耍阴谋的大臣们，所以他才发表了关于法兰西王国财政状况的报告。但无论如何这份报告是黑暗中迸发出的一道光。星星之火，可以燎原。他

劳内男爵

的报告人手相传，哪怕偏僻的小村庄中也在传阅。读者带着强烈的好奇心，一口气读完这短短几页记录了法兰西王国开支状况和资源状况的报告。法兰西人的眼泪浸湿了这位大臣的书页，这些书页上印着富有启迪性的、让人无任何不适感的反思。劳内男爵一心扑在法兰西王国的繁荣上，这值得所有法兰西人感激。人们祝福他，希望他成为救世主。但那些在国家事务中滥用权力的人结成联盟，以反对这个似乎意在剥夺他们手中猎物的人。能读到劳内男爵这些关于地方行政部门的文章是我们的幸运，它们证实了阿尔松侯爵瓦耶·德·波尔米[①]的这句话是正确的："只有在公民的手中，国内事务才能办得好。[②]"

关于这个问题，内克尔专门为路易十六写了一篇纪念文章，但被他的政敌公之于众。在文章中，内克尔揭露了法兰西政府财政上的弊端、官员的压迫及议会缺乏独立精神等问题。一大波敌人因此反对内克尔。菲利普克斯召来了内克尔，不再给他任何支持。内克尔被无尽的反对弄得疲惫不堪，最终提出辞职。法兰西王国的吸血鬼便再次复活，王室也带着一种罪恶的喜悦从恐惧中解脱出来。只有人民为这位政治家的离去而落泪。不过，虽然不能再治理国家，内克尔在隐居期间出版了关于财政管理的著作，仍然发挥了作用，启迪了人民的思想。内克尔的这本著作传播了知识，播撒了爱国主义的种子，或许它比长久、睿智的统治发挥了更大的作用。

单凭一个人是否能治疗这个国家的痼疾？这仍然是个问题。法兰西大革命被外国人描绘成一个反复无常的民族所犯的错误，但外国人对法兰西王国政治体制深受的创伤一无所知。所有的欧洲国家都认为法兰西王国的统治是最糟糕的，但这种想法太过模糊，只能在遥远的距离外影响法兰西王国，无法明显改善长久以来法兰西王国在政治统治上的痼疾。法兰西人认为自己国家的痼疾是治

---

① 瓦耶·德·波尔米（1696—1764），法国著名政治家，曾在路易十五统治时期担任战争大臣。——译者注

② 难道萨利不是个例外吗？

不了的，没有人能治好它。这种想法进一步加深了大家的痛苦。不难发现，法兰西王国陷入了债务和公共事务的漩涡中，仅是利息项就占了财政收入的三分之一，而这些债务和公共事务非但没有进入清算程序，反倒不断以贷款和预支的形式累加。这种预支是法兰西王国独有的，事先把财政收入吃光，从而毁掉法兰西王国，让法兰西王国看起来就像是一个毫不关心未来的没头脑的年轻人。法兰西王国的确拥有丰富的资源，但一想到现在已无资源可用，就更令人感到悲哀了，本来开启某些节俭的计划，他就可以依靠自己的收入生活。但王室不关心节俭的问题，奢侈已经成为王室的必需品。王室的普遍看法是，宫廷的富丽堂皇是一个伟大民族的基本特征。行政部门也有同样的想法，每个当权者都认为自己有责任奢华，他们肯定受了国王们的影响。与路易十五的挥霍相比，路易十四宫廷的奢华简直是小巫见大巫。但他们都对未来漠不关心，所以并不好奇这么多钱从何处而来，人民如何承担这些钱，如此巨大的开支如何持续，或者当连一般的生活必需品都支付不起的时候，人民的生活该有多么悲惨。国家已沦为应急的手段，因为贷款、预支及强加的赋税都不过是权宜之计。

与此同时，王室的收入问题变得错综复杂，复杂到没有人能够解决这一问题。在连续三十届大臣的辅佐下，王室变得越来越贪婪，也越来越贫穷，但又不断攫取新的收入。设计出新的税种会被视为天才之举，善于掩饰被认为是金融家的机敏。在美第奇家族[①]的支持下，法兰西王国从意大利引入了著名的赋税分配方式，其原理就是，尽可能少地向国家贡献财富，而尽可能多地向人民征税。同样，出售办公场所和官职也是在向那些骄傲、愚蠢的人征税，而这样的人的数量每天都在增加。外国人也会了解法兰西王国这段简短、快速变化的历史，法兰西人有必要让外国人了解，自己有从事这种或那种行业的特权。这种特权会成为

① 一个意大利银行家族和政治王朝。该家族控制的银行是15世纪欧洲最大的银行，促进了美第奇家族在佛罗伦萨的政治权力的崛起。从宗教改革开始到法兰西宗教战争，美第奇家族一直是反宗教改革的主角。——译者注

一种头衔。假发制作、煤量计制作、屠宰等行业都需要专营权。这些专营权具有排他性，后来人们称之为“特权”。富人们在这些行业投机，最终牟利。某位金融家拥有三十种假发制作的专营权，将之以高价卖给了偏远省份的人。除此之外，这种低级投机改变了一个民族的性格。在这个民族中，连荣誉都是唯利是图的。新的职业带来了新的税种，而购买者总是能从人民那里得到补偿。这对工业来讲是有害的，因为要从事一个行业不一定需要具备专业能力，而是要有钱，或者有能力借钱让自己变得有钱。总之，这对国家是额外的负担，因为国家要支付每一个所出售官职的薪资或利息，这笔钱数额不小。那些被雇来核算数额的人因此疲惫不堪，所以他们就大胆估算要支付的数额超过三十万里弗。根据另一项计算，在两百年的时间里，仅仅为了支付这些官职的利息，人民就担负了一亿多里弗新税。制宪议会总是想要根除滥用权力的问题。当制宪议会宣布清算官职出售的利息时，利息数额大的问题就尤其明显。每天都有新的专营权涌现，并且可以预见的是，核算这些资产不是短时间内能完成的。

凡是王国里算得上重要的东西，都被唯利是图地卖掉了。每天都有新的税种打着权力的幌子被征收。虽然再没有比这更不公平、更不公正的事了，但不得不做，并且剥夺那些靠劳动谋生的人的财富。这种收税方式有其独有的神秘之处，只有发起收税的人才了解内幕。人民还是要继续纳税。不过，随着时间的推移，滥用权力的现象日渐猖獗，这个国家的中心形成了一个特殊的、拥有特权的“第二国家”。这个“第二国家”是那些依赖滥用权力而生存的人的联盟，是以牺牲原生国家为代价而存在的。但这种必然的联盟阻碍了改革的推进，试图推进改革的大臣很快就被解职了。劳内男爵想要立刻推进改革，却因遭到谴责而被迫辞职。内克尔希望慢慢地、默默地推进改革，但一个五十年来没有经历和平的贫穷政府是不会有足够的改革欲望的。改革这种惊人的尝试超出了任何一个人的手段和能力，只有整个国家才能应对如此大胆的行为。人们都看到了制宪议会和公众利益面临的危险，并深感震惊。事实上，一个大臣要对抗的这个联盟十分强大，而与这个联盟对抗的本应是君主！六万名贵族掌握着封建制度的一切关系及一大批依靠他们生活的人。那些拥有军权的人都是贵族，或者更糟糕的是，假装自己是贵族。十万享有特权的人全都结成联盟，以支持自己不付这种或那种税的特权。二十万神职人员尽管收入不等，却全都团结在一个共同的制度下，形成一个整体，随心所欲地左右着妇女和底层人民。一千年来，神职人员已经习惯通过宗教思想和等级观念统治法兰西王国。六万人过着僧侣式的生活，尽管他们很多人已发誓脱离俗世，却依旧深深地影响着这个世界。税收承包人及税官手下有六万人，其中大多数人都在职，包括他们的家人和朋友，甚至连最微不足道的小镇也是如此。最后就是教会成员、议会成员及国王的对手，也就是那些为了强化自己的力量而保护或者牺牲人民的人，他们不满足于法官的职位，而想成为立法者，那些从属于议会的下级法院，以及一大群行政人员，他们合起来向法兰西王国征收了数额高到不敢想象的税。这群可怕的人控制了整个法兰西王国，用无数的枷锁锁住了这个国家。他们结成联盟，称自己为高等人，其他人都是奴仆。从这时起，这些人就联合起来，反对国民议会，因为国民议会以一种无可比拟的决心和勇气反对特权，而特权正是他们赖以生存的基础。

因此，财政改革是不可能由个人完成的。个人能做的就是管理财政，而在目前国家贫穷的情况下，管理财政就是要提出一些新的税种。内克尔的继任者是若利·德·弗勒里[①]。弗勒里建议十苏[②]兑换一英镑，同时提出了一些巴黎关税的新政策。弗勒里的继任者是多麦颂[③]先生，不过他只是带来了一些无用的美德。除了离职时普遍受到的尊敬，多麦颂先生没有什么收获。最后，财政部又交到了阿

① 若利·德·弗勒里（1718—1802），曾于法国大革命期间担任财政大臣，是一个相对次要的人物。——译者注

② 旧时法兰西王国的低面值硬币。——译者注

③ 亨利·勒费弗尔·多麦颂（1751—1808），法国政治家。1783年在法兰西王国濒临承认破产的关键时刻，他短暂地担任过财政大臣。——译者注

阿农维尔伯爵

农维尔伯爵[①]的手中。

公共舆论没有站在卡洛纳那边，尽管如此，那些习惯于相信别人并且需要被给予哪怕是欺骗性的希望的人却天真地认为这位财政大臣能把法兰西王国从即将坠入的深渊中解救出来。而那些喜欢质疑、头脑清楚的人则预见到卡洛纳

① 即亚历山大·德·卡洛纳（1734—1802），法国政治家，曾于法国大革命期间担任财政大臣，试图通过削减政府支出、恢复自由贸易等方式化解国家的财政危机，但均以失败告终。——译者注

会毁了法兰西王国。不过，最初卡洛纳的言谈十分大胆，让所有人眼花缭乱，让人感觉没有人比他更勇敢、更有能力。他具备一种愉悦他人、诱导他人的特殊能力，这在法兰西王国，尤其是在王室中是一大优势。贪得无厌、自私自利的王室只需要大臣赞美它、满足它，别无他求。王室从卡洛纳那里获得的满足都超出了它的期望，因此关注了他的每一个要求。但王室对卡洛纳只谈养老金和赏钱的问题。朗布依埃城堡是为国王路易十六买的，圣克劳宫是为王后玛丽•安托瓦内特买的。卡洛纳交换或抵押了国王的领地，有贷款就足够了。这位新的财政大臣承诺二十年内还清法兰西王国的债务。他让人们现在本该享有的资源变成了未来的期望。清算王室成员的债务，提前偿还债权人，鼓励人们从事有用、杰出的事业，这些都是这个天才继续迷惑人们的方式。卡洛纳消耗了公共财产中最上等的部分，让王室得到了最好的享受。因此，可以说，在这一点上，王室的挥霍和娱乐是前所未有的。王室尽情玩乐，而人民却倾家荡产。不过，那些热衷于借贷的国家都有一个秘密的监管机构，负责关注还款日期的人会给出贷款的计算结果，这就是公共信贷。公共信贷由每个人的信誉组成，它要监督政府、洞察政府的计划并揣测政府最秘密的想法。而现在，公共信贷不复存在。内克尔担任财政大臣时期，人们可以很轻松地申请到贷款，但在卡洛纳担任财政大臣时期，人们已经很难申请到了。现在，税已经增加到了极限。受人民现有状况的影响，国王路易十六说出了那句最终引发这场大革命的话："我不会再有更多的贷款，也不会再有更多的税收。"

之后，卡洛纳被沉重的负担压得喘不过气来。他试图以自己坚定而富有成效的头脑摆脱窘困，维持自己的声誉。他一直秘密忙于制订改革计划，部分地答应了人民的要求，同时牺牲了神职人员的一些利益。这样一来，巨额赤字就可以落到他的继任者身上。因此，卡洛纳挽救了自己的声誉。他竭力想让全部法兰西人相信自己是法兰西王国的救星，从而获得新的荣誉。

但如此庞大的计划是不可能由一位大臣来完成的。卡洛纳同样意识到，他如果向人们宣传自己的计划时孤军作战，就无法对付数不尽的敌人，因为他的改革计划必然会引起敌人的反对。因此，从某种程度上讲，卡洛纳想鼓动人民来支持自己的改革计划。他不想把自己深深恐惧的想法坦诚地告诉议会，因此，他决定召开一次贵族会议，并最终将自己的改革计划呈交国王路易十六。我们已经看到，路易十六一直渴望让自己的人民幸福。财政大臣卡洛纳呈交的有用的改革建议让路易十六眼花缭乱，路易十六甚至频繁参与改革并乐在其中，而他那位机灵的大臣则小心翼翼地把王室身上的刺一一拔掉。路易十六已经把召集贵族会议视为纯粹的享受，对于一个天真的人来讲，这确实是种享受。

我无法想象这一意外消息会让全国人民感到多么惊讶，也无法想象全国人民在得知如此巨额的赤字时会多么愤怒。人们已经感受到国家的不幸，但赤字具体的数额还没有计算出来。

此时，贵族会议如期召开。当卡洛纳把改革的计划呈交到他们面前时，他是把改革计划作为命令呈交的，贵族会议只能遵从。卡洛纳以为，将改革计划作为命令呈交是可行的。大多数拥有爵位的人，所有有机会进出宫廷的人及一个习惯于弯腰的国家都不会拒绝执行国王的命令，因为他们将能执行国王的命令视为荣誉。卡洛纳同样考虑到了人民的影响。因此，那些破坏性的税种造成的负担及对神职人员尊严的羞辱都不能让人民感到不适。他也希望人民也能影响议会，这样议会就不敢反对他所提议的税种，以免失去人民的好感，而人民的好感是议会力量的来源。卡洛纳还希望得到路易十六的帮助，因为路易十六似乎对他的改革计划很感兴趣；最后，他还希望得到王后玛丽•安托瓦内特和亲王们的帮助，因为他曾为他们提供过很多帮助。此外，卡洛纳以同样的方式给贵族们安排了不同的职位，以为自己获取较大的影响力。

最终，卡洛纳以上谋划并未实现。人们认为卡洛纳道德败坏，因此普遍怀疑他改革计划的可行性。虽然这些改革计划是有用的，因为它们代表了国家的愿

雅克·内克尔

望，但这些计划还是未能获得通过，因为它是卡洛纳制订的。[①]税收本来是为了补偿他在经济上削减的开支，结果却被认为会带来灾难。在分析他的改革计划时，人们认为他只想要钱。卡洛纳已经接手财政工作，所以他无法否认一些赤字是由他自己造成的。他指责内克尔，而内克尔认为现任财政大臣要为财政赤字负责。结果，内克尔被卡洛纳流放了。这种暴虐行为引起了大臣们的普遍憎恨。贵族们希望知晓一切。除此之外，他们还对荣誉感兴趣。贵族们意识到自己被一个开化的、渴望变化的国家忽视了。他们认为，每次代表国家或者应该代表国家所召开的会议都不能有失身份，都要充分了解自己的权利。贵族们渴望直切要点，调查出现财政赤字的原因。对此，卡洛纳没有回应，只是说这是国王路易十六的意

① 我们看到了法兰西人普遍的失望。

愿，他们必须遵从。于是，人们直接指控卡洛纳交易王室领地，并且在财务运作中有数项不端行为。不管卡洛纳在不同的回答中都说了什么，他的言辞必然是模棱两可的。因此，他的威信日渐降低。然而，卡洛纳设计使当时路易十六的掌玺大臣米洛美思尼尔①被免职，并让他的掌玺大臣马勒泽布接任掌玺大臣。为了防止议会像贵族们那样反对自己的计划，卡洛纳希望自己能够利用马勒泽布对议会的敌意。卡洛纳对路易十六投其所好。起初，路易十六被卡洛纳的话语蛊惑，后来又被他改革计划的实用性征服。卡洛纳可以轻而易举地接近路易十六，向路易十六讲述自己遭到的反对，从而谋取特定的利益。他还有一个敌人，那就是布勒特伊男爵②。与卡洛纳相比，托内利耶有着惊人的优势。他让卡洛纳失去了路易十六的宠爱，并且他还得到了王后的庇护。卡洛纳想赶走托内利耶，但以失败告终。王后放弃了卡洛纳。就财政大臣卡洛纳诡诈一事，大家一致决定不再欺骗路易十六。卡洛纳因此丢尽了脸面。就这一点而言，人们提起卡洛纳时都是极为愤怒的。在逃回自己庄园的途中，卡洛纳目睹了自己激起的义愤。他的罪行已提交议会，由于害怕被判决，他逃离了法兰西王国。

贵族会议结束后，贵族们把各自的不满带回了自己所在的地区，也带回了以前未知的消息和自由的种子。随着时间的推移，这些自由的种子终会开花、结果。贵族们没有足够的能力去履行改革的崇高职责，也没有合法的组织去推行改革，这说明了一个现实，即没有哪个人能够独自治愈法兰西王国的痼疾。众所周知，卡洛纳曾惊慌地拒绝召开三级会议。而所有开明的人都一致认为，三级会议的召开是不可避免的。政府曾与厄运抗争过很长一段时间，最终却毁于自身的无能。有一个人多年来一直支配着一个省的部分收入，他认为自己能够拯救这个已经沉沦的王国。这个人就是德·布里耶纳。德·布里耶纳的雄心壮志远超过自己

① 米洛美思尼尔（1723—1796），法国波旁王朝的一名大臣，曾在路易十六时期担任掌玺大臣。——译者注

② 即奥古斯特·勒·托内利耶（1730—1807），法国贵族、外交官和政治家，法国大革命前波旁王朝最后一任首相，在攻占巴士底狱一百小时前由路易十六国王任命。——译者注

德·布里耶纳

的才能，他和蔼可亲但软弱无能，精明但不聪明，自信但不坚决。他一直渴望成为财政大臣，最后通过卑鄙的手段实现了这一目标。他预见到了卡洛纳的失败，从而成功取代了卡洛纳。法兰西王国再次抱有些许希望。但这位新任财政大臣没有提出新的计划，却被一股洪流急着往前推。他能做的不过是推翻前任的计划，并实行更具灾难性的强制征税手段。对此，人们义愤填膺。巴黎第一次爆发出了力量，那些头脑清醒的人已经预见到了后果。政府希望人民顺从自己。议会认为这是为“人民之父”这一称谓正名的好机会，以用它来掩盖自己的特殊野心。因此，议会对德·布里耶纳的税收政策提出了一些抗议。王室已决定让路易十六主持正义，以迫使议会同意征收某些税，王室认为只有这样才能解决棘手的问题。而议会认为，对于人民不满的税收，自己无权同意征收。议会要求召开三级会议。这令政府大为狼狈，而巴黎则一片欢腾。无所不在的希望激励着这个国家，议会的荣耀达到顶峰，成为全民的偶像。

第2章

三级会议

召开三级会议一事，议会顺从了民意。没有谁比议会更了解民意了，因为它一直在研究民意，以维持自身的权威。一些议员，尤其是那些年轻的地方治安官都由衷地热爱自由，真心希望召开三级会议；而年老的地方治安官除了想增加自己的权力之外，别无他求，不，这是年老的地方治安官唯一能想到的召开三级会议的理由，因为人民已经不再认为议会有赋予国王专制统治的权利，也不认为议会就能代替包含下层人民的三级会议。年老的地方治安官幻想着，既然自己要求召开三级会议，自己就会在三级会议中扮演主要角色，并且幻想自己会带着人民的信任参加三级会议。

就在路易十六刚表态同意议会召开三级会议的要求时，问题就接踵而至。在整个国家都沉浸在复兴的喜悦中，认为从此以后就不会受暴政的迫害的同时，那些习惯于统治这个国家的人却在谋划如何维系自己的统治。好在人民的力量与日俱增，并一步步地击碎了强大的专制体系，在之前的很长时间内，人民一直被专制体系最专横地统治着。

现在没有人履行自己的职责，因为没有人真正关心公众的利益。拯救国家是必要的，但每个人都只关心自己的利益。王室想要摧毁议会，而议会想要对抗王室。掌玺大臣拉穆瓦尼翁·德·马勒泽布在思考议会受到的羞辱，德·布里耶纳想当财政大臣。在法兰西这个充满狂风暴雨的剧院中，上演了那么多不雅的场面，而人民愤怒地发现，国家成了利益和上层斗争的牺牲品。

王室将议会驱逐至特鲁瓦。而议会则通过延长第二次开会时间来补偿被驱逐的时间，显示了它精准的爱国主义尺度。争权夺利者出现分歧的同时，日渐感受到缺钱的危机。对立各方都承认国家提供金钱的必要性。缺钱的问题是人民不安的根源，也激发了人民的勇气，那些想要奴役人民的人认为有必要与人民休战。内阁和几位议员就连续贷款达成了协议，并将得到王室的临时批准，这是达成的另一个协议。但每一个权威机构都有自己的主张。议会的理念是选举多元化，而掌玺大臣的看法是，尽管上述协议可能会以多数票通过，但在统计票数之前先只记录这些协议。地方治安官开始激动起来。他们中一些人极力维护自己的主张，并出于人民的利益支持上述协议。奥尔良公爵腓力一世问路易十六，他是否在主持正义？他是否在保护自己不受这些专横发言的影响？路易十六时而被一些地方治安官滔滔不绝的雄辩影响，时而认为自己的权威受到冒犯。这让他的内心十分矛盾。贷款的事情没有实现，而奥尔良公爵腓力一世却被驱逐。同时被驱逐的还有圣朱斯特和萨巴捷先生。他们和奥尔良公爵腓力一世一样，都敢于说真话。

议会权力没有政府那么大，尽管他能同意国家征税，但人民依然感激议会。任意使用权力的行为使一些地方治安官被视为殉道者，人民因此依附那些在这个过程中受到责难的人。此外，当时的议会是反对专制的唯一屏障。法兰西人虽然不依赖议会，但支持议会。

政府就只会犯错。此时，政府的焦点是两位重臣，即成为桑斯大主教的德·布里耶纳和掌玺大臣拉穆瓦尼翁·德·马勒泽布。德·布里耶纳是首席大臣，得到国王路易十六的绝对信任。掌玺大臣拉穆瓦尼翁·德·马勒泽布在布里耶纳的帮助下，获得了可以压倒议会的权力。他们团结起来，统一了计划。掌玺大臣拉穆瓦尼翁·德·马勒泽布试图两次重重地打击地方行政官。他自认为这种

拉穆瓦尼翁·德·马勒泽布

打击是猛烈的。其中一次打击是建立一些行政总管[①]以削弱议会的管辖权、信誉和利益，另一次打击是改革刑法。人们看到这些改变一定会很高兴，特别是那些外省的人。掌玺大臣马勒泽布为了实施这些打击费了很大的劲，也让实施打击计划的人费了很大的劲，这是他的性格使然。同时，一个目光短浅的人向德·布里耶纳提议建立全国法院系统，以登记教皇和国王颁布的法令。这个系统由亲王、贵族、地方法官及军人组成，不存在主要原则。人们幻想它可以有效地取代法兰西古代君主们一直采用的议会。这会是对地方行政官的又一次打击。马勒泽布反对这一提议，因此不得不屈从于德·布里耶纳，因为布里耶纳很有可能给予他帮助。

① 行政总管是指法警的管辖区，最早起源于法国。行政总管可以效仿行政区的管理。——译者注

议会因反对设立省级议会和颁布支持新教徒的法令，而失去了人民的尊重。十年前议会本身就已经支持新教徒了，现在却决定反对，因为这是掌玺大臣提议的。王室恢复了对地方行政官的支持，这种变化是由掌玺大臣马勒泽布苛刻的计划及建立全国法院系统的奢侈想法带来的。1788年5月之前已经爆发了一些大规模的暴乱。法令将在同一天呈交法兰西王国的所有议会，以阻止这些运动联合起来。人们已经做好了强力展示力量的准备，每个人都在期待某个大事件的发生。马勒泽布的阴谋和仇恨是众所周知的。议会的抗议毫无效果，不过问题并不在于预测建立全国法院系统会带来什么后果，而在于要了解这一计划涉及的全部范围和目标。埃夫雷米尼先生发现了这个问题。当时，法令正在印刷。他不惜一切代价弄到法令的副本，泄露了秘密。最终，法令激怒了议会。埃夫雷米尼说服了贵族和议会不批准法令。他和他的同事也因此被判“光荣流放”[①]。正义的圣殿遭到了武装力量的侵犯，政府雇用了两千人来从愤怒的人民面前带走了这两名地方法官。

然而，这些措施都无法让人们接受建立全国法院系统并设立法警区。两个计划相互伤害：第一个计划遭到了人们的蔑视，第二个计划得到了教会成员的支持，从而形成了一个对抗布里耶纳和马勒泽布的联盟。人们遭受的屈辱越大，反抗的意识就越强烈。在全国人民看来，对正义和理智犯下的滔天罪行就是对国家的暴行。人们难以理解政府是如何无耻地玩弄舆论，并将自己置于全体法兰西人的评判之上的。

但以上计划和措施都没有考虑过人民的利益。我们已经看到，在暴力场面和下流场面中扮演主角的人，其唯一目的就是保存或增强自己的力量，提及三级会议只是为了推迟会议召开的时间。尽管如此，召开三级会议的必要性变得越来越明显。政府因为缺钱，连开口要钱的勇气都没有了。大臣们在争吵中出卖了王

---

① 流放被认为是光荣的。

权，并在某种程度上消灭了王权，因为他们把王权变成了“卑鄙”的代名词。国王路易十六也想做好事，却被责备屈从于大臣们的情绪，从而陷入悲惨的境地。

因此，因为没有钱、缺乏手段和信誉，第一位财政大臣若利·德·弗勒里一事无成、毫无建树，最后不得不辞职。在他辞职后，他的唯一善举就是建议国王路易十六召回雅克·内克尔。

掌玺大臣拉穆瓦尼翁·德·马勒泽布也提出了辞职。王室想要挽留他，但这样一来，王室就永远不会与议会和平相处。因此，掌玺大臣也交出了官印。他一直期待辞职并在此过程中表现出了最大限度的坚韧。他辞去了公职，尽管他蒙受了羞耻，但仍然受到他所爱的家人和朋友的爱戴。

软弱的内阁拥有权力但无知。法兰西王国对自己脚下的深渊感到恐惧，却不知道该把安全的希望寄托在谁身上。王室表现得像是一个脾气暴躁的人，发现自己站在了错误的一面，便打击一切违背其意愿的行为。地方行政官随便对人大发雷霆，布列塔尼的代表们被铐了起来。巴黎市民焚烧了布里耶纳和马勒泽布的雕像以表达喜悦，但这些巴黎市民却被军队扣留，被骑兵践踏。一个掠夺成性的政府最终变得暴虐，吝啬，没有人性。首都巴黎的街道上血流成河，各省都陷入了恐慌。

这些愤怒的无知犯下的暴行用鲜血复仇给人们上了可怕的一课。全国都在骚乱，一切都预示着革命即将来临。作为一个受压迫的、贫穷的国家的最后一根救命稻草，召开三级会议的想法再次被提及。在法兰西王国的边缘有一个省，自这时起它就大声宣扬自己的权利和全体人民的权利。它一直都在准备反抗。当愤怒和被蔑视的人民受够了苦难时，反抗的一刻就到来了。在得知大臣们辞职和雅克·内克尔被召回的消息之前，格勒诺布尔的士兵和市民正要宣告一场血腥的屠杀。得知消息的那一刻，市民们丢下了武器，与士兵们相拥。双方在相互拥抱中释放出最热烈的欢乐和所有美好的希望。

现在，经历了一场漫长的、灾难性的暴风雨洗礼后，在人们等待欢乐的曙光

玛丽·安托瓦内特王后

来临之时，全国的希望都寄托在雅克·内克尔身上。最后，只有他来应对政府的惨淡局面、恢复国内的信心。他要在没有经费的情况下应对开支，还要在外国人中重新建立法兰西王国的信誉。王室本身对雅克·内克尔深信不疑，桑斯大主教德·布里耶纳、王后玛丽·安托瓦内特和阿图瓦伯爵[①]都建议国王路易十六召回雅克·内克尔。国库中仅存五十万里弗，新财政大臣雅克·内克尔立即筹集了数百万里弗以备紧急之需，并在尽力不侵犯三级会议权力的前提下扩大收入来

① 路易十六之弟，后登基，史称“查理十世”。——译者注

源。在他看来，召开三级会议是必须的。在雅克·内克尔的建议下，被流放的地方官员被召回，议会恢复其职能。最后，德·布里耶纳和掌玺大臣马勒泽布的一切举措都被彻底抹去。最重要的是，人民希望召开三级会议的愿望得到了满足。雅克·内克尔就这样为自由的国家做准备，同时小心地避免人民因即将到来的饥荒而恐慌。

之后，光天化日之下那些自命不凡之人又出现了，他们一直是引发各种争端的根源。人民、国家及那些恢复公民身份的人都要求召开三级会议。这次不应该像之前那样，光打雷不下雨。出于同样的原因，那些惧怕三级会议巨大力量的人，那些阻碍召开三级会议的人，那些假装希望召开三级会议的人，以及所有那些习惯于各种压迫的、带有奴性的人，都希望召开1614年那样的三级会议。议会尤其如此。回想起自己曾在召开三级会议这件事上发挥重要作用，议会预见到，与三级会议的力量相比，未来的议会是无足轻重的。因此，议会颁布法令，要求不得以其他形式召开三级会议。这种妄图控制国家权力的做法，完全毁掉了地方行政官在人民中的形象。

但第三等级[①]的人是开明国家最庞大的力量，是真正组成这个国家的人。在腓力四世统治时期[②]，第三等级获得了选举权，却在1788年被企图限制为1302年那样的乡下人和半奴隶半自由的人。对此，第三等级非常不满。此时，人民已经有了自尊感。

雅克·内克尔认为，既然存在对立的主张，那么将与召开三级会议有关的诸多问题交由议会决定是不合适的。他再次召集了贵族会议，以便咨询贵族们的意见，他们的表现对得起国家。雅克·内克尔认为，既然他们之前能那么坚决，之后也会秉持公正的态度。

---

① 第一等级是教士，第二等级是贵族，第三等级包括农民、手工业者、城市平民、小商贩和资本家。——译者注

② 腓力四世（1268—1314），1285年至1314年在位，法国卡佩王朝第十一任国王，曾试图削减神职人员和贵族的财富和权力。——译者注

与此同时，各省都陷入骚乱之中，人们释放着各种情绪。国家的苦难、对国家遭受暴政统治的愤怒及对良好秩序的期许，都让人激动万分。多芬尼省就是个很好的例子。这个省勇敢地击退了专制的血腥威胁，并大胆地规划了整个王国的组织形式。此时，法兰西王国已经失去了自己的国民会议，而国民会议是国家自由的绝对象征。因此，这个省要求再次召开国民会议。他们将三个等级的力量凝结在一起，从政府那里获得了召开法定会议的许可。现在，智慧启迪了勇敢者，主导了他们所有的思考。多芬尼省为自己制订了计划（一个被其他省当作样板），其中就包含国民议会的组成部分。就这样，多芬尼省引起了全国的敬佩和效仿。尽管王室禁止召开省级议会，但这三股力量在各个地方相遇，并集中起来。它们最初在各个省内交流，很快凡尔赛宫[①]惊奇地看到，代表们从布列塔尼、朗格多克、维瓦莱、沃莱等地赶来。最奇妙的是，凡尔赛宫第一次听到了自由雄壮的曲调，让专制瞬间黯然失色。政府接待这些代表的方式及给予的解释，激起了人们的愤怒，也激发了人们的力量。

与此同时，尽管第三等级处处被贬低，处处被打击，但第三等级的学识还是在不断提高。大量学者唤醒了第三等级的权利意识。一些人直接追溯君主政体的起源，用激情的笔触追溯了专制主义令人难以察觉的发展：二十位专制君主的绝对权力及国家的逐渐衰落。另一些人发现了三级会议发展史上关于国家权威的一系列证据，并证明国家权力是至高无上的。还有一些人追溯得更远，甚至追溯到了国家原始的、不可侵犯的权利，以此向所有人证明，在要求享有权利的人民面前，使用“权利滥用”这种不恰当的表达方式是荒谬的。人民一致认为，恢复自由只有一种机会，如果让这个机会流失，就配不上拥有自由。而且他们也认为，这次动乱是法兰西王国的救星。圣人马布利[②]的相关著作影响尤其深远。当

① 指波旁王室。——译者注

② 马布利（1709—1785），法国哲学家、历史学家和作家，著有《法兰西史》和《公民的权利和义务》等，主张废除私有财产。——译者注

真理还躲在文人书斋里的时候，马布利就预见到了现在的一切，并要求召开三级会议。马布利的书成为法兰西王国的社会指南。许多曾支持美国革命的军官，把在美国看到的，富有无可磨灭魅力的自由和平等带回了法兰西王国。这些军官都是贵族，他们知道与公民身份比起来，贵族的头衔是虚空的。巴黎是知识的宝库，[①]这里到处是见多识广的人。尽管有这些人的影响，政府还是盲目的，对即将发生的事情一无所知，否则不会无力阻止这一切。在这几年时间里，那些模仿英国俱乐部而建立的圈子和协会都在谈论自由，仿佛它们已经拥有了自由。有一个协会尤其突出，其成员在一个年轻的地方行政官的家里碰头。自那以来，这个年轻的地方官就在革命中起了很大的作用。在整个法兰西王国，这些协会都保持着积极的联系。这些协会传播即时的思想为即刻考虑法兰西王国的发展方向做出努力，铺平道路。总而言之，人民痛恨社会问题，因为这些社会问题导致国家衰落。人民忍受了他人轻蔑地称其为第三等级，这似乎表明人民确认自己接受宪法的说法。

拥有权力的当局还不足以对抗这么多对手。媒体的确拥有言论自由，试图用密令限制新闻自由都是徒劳的。各地都有书籍出版，其中有几本书的写作方式就连最下等的人都能读懂。最终，政府不得不赋予我们绝对的写作自由和言论自由。这些文学作品记录了贵族的自命不凡，[②]记录了贵族要么为了自己的利益牺牲其他人的利益，要么利用自己的权威贬低其他人。因此，一些贵族反对这种文学作品的泛滥，而这种行为就像贵族们其他的轻率举动一样，只能激起人民的反抗。

1614年的三级会议起初只是令人不快，后来却变得有些荒谬。当议会发现这一点的时候已经太晚了。1788年12月5日颁布的法令再次证明了它的错误，即在召开三级会议之前，议会从来没有打算确定三个等级的代表人数。这是在贵族会

---

① 原文（指法文版）中为“光的中心”。可以说，我对这个隐喻不太满意。

② 各种文学作品。

议上引起骚乱的主要问题之一。雅克·内克尔本来希望三级会议能够代表全国人民的意志，但他的希望落空了：这次会议几乎全部由特权阶层组成。阶级观念控制、主导了整个会议。雅克·内克尔的财政部是唯一一个多数人同意第三等级应该拥有代表的地方，并且认为第三等级代表的数量应该等于其他两个等级代表数量的总和。以上就是法兰西王国各个社会团体表达的愿望。这些团体先后摆脱了各自所受的地方统治，达成决议，并将决议提交法院。它们中的大部分宣布，法院在限制自己代表的人数时，并没有遵守人口比例的原则，它们的代表人数比它们要求的少得多。

关于第三等级的漫画，背着神职人员和贵族的第三等级

“一千六百一十四”，[①]有人念作“十六百一十四”，这个措辞在当时引起了人们的分歧：每个人都在谈论，因为它事实上包含了使国家动荡、王室尴尬的所有问题。就像地方官和贵族那样，议员非常希望保留1614年的三级会议形式。神职人员和贵族的意见一致，第三等级只能从上述人员的话语中看到羞辱，和他们对特权的维护。因此，第三等级使劲嘲笑这些话语，并发誓要彻底禁止它们。然而，多数贵族要么是王公，要么是高官，无法崇高到不顾自己的利益和特权。这些贵族还是屈从于自己固有的利益和特权。他们如果能够违背自己的意愿，可能就会拒绝特权。因此，他们决定，尽管不同地方治安官所占人口比例不同，但他们也应该派相同数量的代表，并且尽量通过三个等级审议，而不是一个人一个人的审议。

每个人都关心这次讨论，因为这关系着三级会议和法兰西王国宪法的命运。两个派别已经形成，并且都期待着改革。特权阶层必须清楚地意识到，如果通过每个人审议的形式，如果平民享有平等的发言权，并得到支持第三等级的贵族和神职人员的支持，那么第三等级在规模上就会占优势。因此，特权阶层拒绝了这一方法，而是主要采用1614年三级会议的形式。出于同样的原因，特权阶层不允许拥有庞大人口的法警区派出的代表比其他人数较少的阶层派出的代表多。

我们很容易想象议会的尴尬局面：人民的意见如此统一有力，而占据绝对主导地位的却是特权阶层。王室和贵族习惯于支配别人的意志，习惯于将自己的意志视为法律，所以即便雅克·内克尔时时展现着自己的品德，却还是为贵族和王室所累。尽管如此，他还是说服议会颁布法令，规定参加三级会议的代表数量至少要达到一千人；每位地方治安官代表的人数必须与人口及该地方治安官纳税的金额成比例；第三等级代表的数量应该等于其他两个等级代表的总和。以上法令是召开三级会议的基础。至于应该由三个等级审议还是由每个人来审议的

① 这里指人数。——译者注

问题，以及由此带来的，会议单独召开还是联合召开的问题，议会没有作出决定。议会这样做是不合适的，因为三个等级的分开应该发生在三级会议召开之前，而三级会议可能永远都不会召开。这些问题被交由三级会议自行解决，也就是说，让两股势力面对面地解决问题。以往的经验已经证明，这是在让强者真正把握胜利。在王室中，针对雅克·内克尔的阴谋和愤怒也成倍地爆发了。王室认为，尽管是人民要求召开三级会议，但雅克·内克尔有责任就此事征求王室的意见。听从民意虽然比反对民意更明智，王室也不为所动，王室认为正是顺从民意才给自己带来屈辱！此外，雅克·内克尔接纳了一大批教区主管①。这些人与第三等级血脉相连，所以普遍支持第三等级。这又成为王室安在雅克·内克尔身上的一个罪行。但在这一点上，王室忘记了集体精神可以抗衡这种泼脏水的影响。在多数地方治安官会议上，第三等级与其他两个等级宣告了他们政治上的分裂，并且意味着特权阶层和平民阶层之间会出现严重的冲突。

这些会议动员了六百万人，他们是第三等级新的智力宝库。贵族和神职人员在各自起草命令，其目的首先是为了自己的利益，其次才是为了人民。不过，贵族和神职人员放弃了自己财务上的特权，同意像其他人一样交税。第三等级的命令在几天内匆匆起草完成，他们要求议会在过去两年制止的权力滥用的基础上进一步抑制权力滥用现象，并且要求进一步深入改革。尽管当时我们没有对后来要发生的事情寄予希望，国民议会又进行了彻底的改革，粉碎了一大批滥用职权的行为，但其中首要的事情就是收集第三等级起草的命令，这些命令包含许多重要的要求，必须传给后代。所有人一致要求制定宪法，国家应该恢复公民享有自由的权力，财政收入也不应再被王室掠夺。不过，每个人都明白，自由的果实只能由自由来收获。因此，他们要求保有自由的权力。这些斗争清楚地表明，如果第三等级占上风，三级会议要么一事无成，要么会解决一切问题。每位代表都是被选举

① 神父。

出来的，他们被认为是最能捍卫自己阶层的权利和主张的人。第三等级的代表在人民的祝福中出发了。他们许诺，不成功，便成仁。

当所有人都为这种强烈的情绪感到激动的时候，王室清楚地看到人民的这种强烈的情绪最终要在自己身上爆发。第三等级的要求和主张及其在国外的广泛传播都让王室意识到，自己应该联合一切力量和利益体来对抗他们。雅克·内克尔希望三级会议能够在巴黎召开，但国王路易十六更倾向于凡尔赛宫。因为在凡尔赛宫，王室和其代表的交流会更及时有效。王室也许认为，在凡尔赛宫开会更易于管理。确实，在凡尔赛宫开会对第三等级不利，因为第三等级的代表从全国各地赶来，大部分人对巴黎不熟悉。他们突然来到了一座城市，这里一切都带有专制的烙印，到处是阴谋诡计。王室的代表早已在波利尼亚克女公爵加布里埃尔·德·波拉斯特龙的家中开过会。他们的策略是联合两个上层阶级，让下议院

波利尼亚克女公爵加布里埃尔·德·波拉斯特龙

处于从属、无足轻重的地位。最后出于本能，上层阶级的代表认为有必要团结起来。在布雷顿俱乐部[①]吸收所有其他代表之前，来自每个省的代表私下各自召开了会议。贵族代表后来是第一批加入下议院的，所以他们形成了一个团体，第三等级的一些代表也常常依靠这个团体。从一开始，甚至在三级会议召开之前，下议院的代表们就意识到了自己面临的困境。按照1614年三级会议的惯例，人们查遍了古代的档案，政府给予前两个等级代表国家的庄严神袍，却给予下议院代表律师的服饰。因为在古代的三级会议上，几乎所有第三等级的代表都是律师。然而，让从事各种职业的人都穿上律师的服饰是非常滑稽的，这让他们像小丑一样。在一般情况下，这或许是无关紧要的，但王室的不良动机惹怒了人们。国王的代表在场时，这种差别也会出现。两道折叠门为神职人员和贵族打开[②]，国王在自己的小房间里接见了这两个阶层的代表。不过，只有一扇折叠门为下议院的代表们打开。这些代表在赫拉克勒斯厅等了很长一段时间后，国王才在会议厅接见了下议院代表。在三级会议召开过程中，这种差别也出现了。庄严的神职人员身披圣袍，和贵族们一起聚集在华盖周围，极其肃穆，而第三等级代表就像葬礼上的送葬者。[③]然而，广大第三等级代表的是整个国家。人民对这种差别十分敏感。他们不停地对自己的代表大声欢呼，鼓掌。他们高喊："第三等级万岁！法兰西王国万岁！"这种不明智的区别对待所产生的效果与王室的期待正好相反。在那些系着长领巾、穿着黑长袍的人中，第三等级认出了王权的捍卫者，也在其他人中看到了王权的反对者。总而言之，第三等级代表受到的接待和王室的轻蔑，都让第三等级的人反感并厌恶特权阶层。此外，第三等级代表以前从来没有出过自己的省，他们刚刚离开贫穷的城镇和乡村，就看到了路易十四和他的继承

① 布雷顿俱乐部由1789年参加三级会议的布雷顿代表组成，后来演变为宪法协会，并最终成为雅各宾俱乐部。——译者注

② 在描述1789年5月2日凡尔赛宫发生的事情时，米拉波伯爵说，其中一扇门是为贵族打开的。

③ 看起来很悲伤。

特里亚农宫

者丰衣足食的日子及当今法兰西王室荒淫无度的生活①。第三等级代表得知，建设凡尔赛宫耗费了两亿里弗②，迷人的圣克劳宫耗费了十二亿里弗，特里亚农宫不知道耗费了多少钱。诚实的人都会回答说："这些华丽的建筑物都是人民用血汗筑就的。"

此时，巴黎处于公众舆论的中心。在巴黎，舆论的表达力量十足。当王室发现巴黎周边在大力支持第三等级代表时，立刻找借口要在巴黎周边部署强大的军队，意图恐吓人民。巴黎郊区生活着一个叫让-巴蒂斯特·瑞韦隆的人，他为人正派，并在自己的工厂里雇用了大量工人。对这些工人来说，他既是恩人，也是慈父。瑞韦隆每年赚二十万里弗，每天付给工人三十苏到五十苏。突然有消息传开说，瑞韦隆将工人的薪酬降低到每天十五苏，还说工人们不配吃面包。瑞韦隆因此被逐出了其原住地。巴黎两个郊区的人愤怒地聚集到一起。巴黎城里挤满了之前从来没有出现过的陌生人。在烧毁了"瑞韦隆"的塑像之后，他们要求判处

① 这种极端的荒淫无度。
② 旧时法国的货币单位，1里弗为20苏，1苏为12德尼厄尔。——译者注

瑞韦隆死刑。这些邪恶的坏蛋让恐怖在整个巴黎蔓延。他们整晚都在可耻地狂欢。在当天晚上及第二天，警察没有采取任何措施来制止这些暴行。当时，驻扎在巴黎的一个法军卫兵营本可以阻止这一切，却被叫去做一些无关紧要的事。有一些士兵被派去保护瑞韦隆的房子，但无力阻止不断涌来的人群。随着数量的增加，暴徒们胆量随之增大，金钱被肆意地抛洒。最后，乌合之众闯进了瑞韦隆的房子，并将之洗劫一空。他们毁掉了全部家具、地窖、花园等一切他们能够想到的东西。之后，一支令人生畏的军队出现了。在很长一段时间内，法兰西王国和瑞士籍的卫兵一直忍受着这群醉醺醺、暴跳如雷的人的侮辱和攻击。最终，他们接到了可以自卫的命令，或者更恰当地说，杀人的命令。一些骑兵和步兵前来支援，还带来了一些大炮，瞄准了圣安托万福克斯堡。人群被刺刀和大炮驱散了。一些人为自己的罪孽付出了生命的代价。但巴黎人愤怒地看到，这些集结的士兵表面上是在保护巴黎，实际上只是为了威胁巴黎的自由。这种过度防卫引起了人们对其动机的怀疑。士兵们也憎恨自己被要求做的事情，并且从这天起，士兵们就变成了公民。后来，人们认为，如果这一丑恶的行动是专制主义代表谋划的，那么在之前犯下的累累罪行的基础上，专制主义又增添了新的罪行。

三级会议即将举行，而巴黎还未从愤怒和恐惧中恢复过来。特权阶层采取了最强有力的措施来区分三个阶层，他们下定决心维护三个阶层的差异性。除了衣着不同及上文提到过的会议地点不同之外，还有一个不同，即一扇门是专门针对下议院代表们打开的。下议院代表们要穿过与走廊相连的后门，在这里拥挤几个小时①。而国王路易十六、王室成员、教会代表们和贵族代表们则从正门庄严地走进来。在冗长乏味的点名仪式结束后，下议院代表们已经不耐烦了。他们被领进了华丽大厅里接待他们的地方，大厅的长廊里已经充斥着来自王室的男男女女。

---

① 米拉波伯爵在1789年5月5日凡尔赛宫的纪事中说，人们可以想象到，路易十六想试探人们耐心的底线。

三级会议

路易十六以慈父般的话语表明了他对人民真挚的大爱。这是君主的首要美德，而这一美德常常能弥补其他方面的不足。代表们并没有听到掌玺大臣夏尔·德·巴朗坦的讲话，因此对其没有什么印象。但代表们都认真倾听了雅克·内克尔的讲话[①]。这的确是一个有趣的时刻。此刻，大臣、王室和议会通过一个盛大的场合，向这么多认真聆听的人公开王室的真实想法，这正是下议院议员期待的。要知道，每个等级的人都有自己的主张，在凡尔赛宫的三级会议开始之前不同等级就已经开始对抗。他们太过于关注各自的利益，而从未关心雅克·内克尔的讲话。受制于人人只考虑自己利益的社会环境，雅克·内克尔是否会摒弃个人的意见，而非议会的意见，王室是否已经指控雅克·内克尔有削弱王权的倾向，每个人是否都有权决定重大问题。这些问题已经在全国引发了不同的情绪。即使是按照下议院的意愿发言，雅克·内克尔也有理由认为，前两个等级不会立刻分

① 米拉波伯爵在1789年5月5日凡尔赛宫的纪事中严厉批评了这次演讲。

裂，因为法兰西王国还没有为此做好准备。

前两个等级的人知道他们可以在多大程度上依靠王室，尽管他们憎恨雅克·内克尔，也没有对他的发言表示不满。但下议院代表对雅克·内克尔的发言极其冷淡。下议院代表坐在后排，默不作声，这倒与他们朴素的衣着相符。他们每时每刻都在倾听与自己后来领悟的崇高思想一致的声音。"平等"和"自由"这两个词已经成为法兰西人团结的纽带。随着整个事态的发展，人民和人民的代表要求全面改革，但议会没有应允。而王室和前两个等级的不公正行为更助推了人们要求改革的呼声。

从这一刻起，冲突开始了。就在当天晚上，各省召集下议院的代表商定，他们将在召开三级会议的大厅碰面，并将这里当作国民议事厅。在这里，下议院代表期待前两个等级的人前来共同商议，他们将坚定不移地遵循这一准则。事实上，如果三级会议被分成三个不同的议院，那么第三等级实际所占比例将不超过三分之一。这样一来，第三等级获得一般选举权还有什么意义呢？1789年5月6日，前两个等级的代表分别召开了会议，下议院被改成国民议事厅。下议院代表在国民议事厅徒劳地等待着神职人员和贵族。考虑到自己只是假定的代表，权力还没有被核实，下议院代表只参与会议的管理，没有进一步参与审议。在其他两个等级的会议中，代表们开始有序地核实自己的权力。这等于心照不宣地表明，他们不打算与第三等级的代表联合。

因此，按照等级投票还是按人头投票的争议被搁置了，因为三个等级共同核实投票权。第三等级代表说，尽管下议院不认为他们有权分开审议，但三个等级还是分开审议了。即便如此，各等级的代表们还是应该共同核实代表权力。每个等级的代表都要对一般性提案进行审议，每个人都应当了解其他两个等级代表是否有法定权利。路易十六一开始应该就让代表们在他在场的时候核实身份，这样就不会出现分歧。人们责备王室在这一点上犯了错误，但三个等级的代表分开召开会议一事本就会引发争议。不过，这种争议会以第三等级的胜利告终。第三等级绝不会仅仅满足于获得三分之一的投票权。与此同时，下议院不断邀请其他等级的人加入国民议事厅，以共同核实代表们的身份。贵族不理会下议院的规劝，不肯放弃自己的傲慢，继续独自确认代表的权力。但神职人员的代表却不再单独核实代表的身份。1789年5月13日，贵族代表向下议院宣告自己的合法身份，下议院没有理会他们的宣告。不过，神职人员代表的意见出现了分歧。他们用热爱和平掩盖自己的主张（这正是神职人员的性格）。神职人员向其他等级提议建立一个调解委员会，以促进代表之间相互理解。贵族代表同意了这一提议，下议院也表示赞同。第三等级代表认为，谦虚与妥协有利于他们目前要解决的问题。另外两个等级一直拖延，不作为的行为不符合多数人的利益，所以第三等级的人必须强化公共舆论来壮大自己的力量。然而，第三等级没想到的是，会议在掌玺大臣夏尔·德·巴朗坦的府邸里当着大臣们的面举行，结果是两个特权阶层依然意图成立与人民无关的机构。路易十六向三个等级提出一项和解计划，但这一计划不被任何一个等级接受。贵族们假装同意这一计划，但同时仍然提到自己的所有决定并坚持所有的主张。下议院要做的就是把贵族因拒绝这一计划而引发的一切苦果都抛向他们，让他们因不当的表现受到谴责。

下议院的会议引起了全国人民的关注。整个国家开始对这种拖延感到厌倦。于是，下议院开始着手推动会议进程，他们向路易十六提交了一份报告，解释了其想要立刻推动会议进程的目的。随后，下议院最后一次派代表团与另外两个等级协商，邀请它们重回国民议事厅共同核实代表权力，并且告诉它们下议院要在同一天传召各辖区的长官。值得注意的是，普瓦图地区的三名神父认为，代表的权力需要共同核实，所以他们来到了国民议事厅。最终，下议院所有代表的权力都得到核实，他们活跃的时刻到来了。

前两个等级的代表与王室联合已经尽人皆知。人们还注意到，下议院认为自己代表大多数国民，他们要组成国民议会。而政府将这一行为视为挑衅，认为国王不应授权。那些最坚定的下议院议员认为，人民的代表才是国家真正的代表。

不过，他们同样知道要承受怎样的攻击，所以他们竭力寻找既能表达自己想法，又不会激怒王室的词语。下议院议员不确定这个国家是否已经足够先进，人民的全部力量是否可以支持他们。他们担心当权者会因为自己而用暴力方式对待这次会议。但在随后开始的长时间的辩论中，代表们纷纷发表自己的政治观点，并表现出了强烈的爱国主义。[①]他们的意见几乎一致。1789年6月17日，在来自巴黎和王室的大量围观者的见证下，下议院组成了国民议会。整个会议大厅回荡着"法兰西王国万岁！国民议会万岁"的呼声。当人民的代表默默地站起来，宣誓以热情和诚实的态度履行他们担负的职责时，每一颗心都深受感动，所有在场的人都充满了热情。每个人都感到这个国家已经上升到了应有的高度。几个公民急匆匆地跑去巴黎传播这一消息。国民议会将首先在公共事业方面使用其权力。国民议会规定，在没有征得全国人民的同意之前，税还是要继续征收。国民议会的首要任务之一就是整合公共债务。它需要指定一个委员会，以考虑如何解决困扰这个国家的资源匮乏问题。这就是值得纪念的那一天所取得的成果，它赋予法兰西民族在公民社会中团结一致的权利。对此，王室和特权阶层战栗不已。在雷声轰鸣、乌云密布的地平线上，不祥的暴风雨即将到来。

① 米拉波伯爵，其演讲集英语版第1卷，第一次演讲节选"在国民议会的工作"。

第 3 章

路易十六、国民议会与巴黎骚乱

法兰西大革命在短短一天之内就取得了很大进展，第三等级成为整个国家的代表。法兰西王国在失去了议会之后，又恢复了议会并赋予其某种程度的荣耀，这种荣耀比议会之前所享有的任何荣耀都高。当时特权阶层更强大，下议院除了展示自己无关痛痒的能量别无他法。但经过了几个世纪的不断发展，革命的性质越来越明确，人民的力量不断壮大，这赋予第三等级稳定的基础。近来，特权阶层在极力维护某种程度上丧失了他们认为的，完全属于自己的那种伟大。这种错误必然会导致特权阶层在这场斗争中失败。我们不清楚贵族如果一开始就与第三等级联合起来而不是反对第三等级，是否就可以保留自己的部分特权。但贵族一开始就极其傲慢，加上其代表提出了连自己都认为无法获得支持的分开开会的方式，从而失去了他人的尊重。第一等级的神职人员按照惯例研究了另外两个等级的力量，拖延会议进程，引诱贵族与他们联合。但这是不可能的，因为神职人员内部也出现了分裂。总而言之，前两个等级都被一种想法欺骗，即与王室联合可以阻止革命的洪流。但是他们的联合只能成为一道不结实的堤坝，而这种阻挡却激起了更大的洪流。

然而，就在下议院组建国民议会时，那些从不希望召开议会的贵族、主教及部分王室成员开始意识到，他们有必要联合起来反对国民议会这个前所未有的机构。大量教区神父在国民议会核实了其权力，然后从国民议会回到自己的议院，以支持国家的事业。在贵族的议院，一小部分人同样这样做，但收效甚微。因为神职人员已经以一百四十九票对一百二十六票的多数票，决定共同审核代表权力。他们之前的决定几乎没有修改。一切似乎都表明，当贵族和教会想要阻止各等级的联合时，联合反倒不可避免。通常来看，一旦人们的情绪被激发，王室就要采取应急措施，即使用武力。此时，特权阶层还没有人意识到，人民代表的权力才是第一位的。

路易十六和王室成员前往马尔利待了八天。雅克·内克尔当时在巴黎照顾自己快要去世的嫂子。王室举行了几次小型会议，制订了动用武力这个不明智的计划。很快，这个计划就公之于众。据说，巴黎大主教德·朱涅跪倒在路易十六的

德·朱涅

脚下并向他表明，如果不立即采取措施，国王的权威就会被摧毁，国家会被颠覆，国家的最高权力则会移交到下议院手中。路易十六被说服了。他以为只要答应人民的要求，就可以绝对而彻底地败坏国民议会的名声。在他看来，他是受人民爱戴的人，人民如果难以从自己的代表那里获得好处，就会立刻觉得得到国王的恩惠是一件幸福的事。路易十六还认为，如果人民的代表反对自己仁慈的做法，就会向世界证明他们不过只是个组织，他们会毁于人民之前对他们的尊敬。然而，当怀着上述动机想要对付国民议会的时候，路易十六觉得有必要派部队去制服巴黎市民，因为巴黎市民的行动已经有些可怕了。所有这些秘密的准备工作都已就绪，而巴黎市民则陶醉在满意之中，他们佩服国民议会，国民议会表现出的勇气也配得上巴黎市民的这种尊敬。

1789年6月20日，即国民议会组建三天之后，神职人员的代表将加入国民议会。然而，当代表们准备重返会议大厅的时候，侍卫官发布公告称所有会议都暂停，因为国王路易十六要在6月22日举行王室会议。这一公告被四处张贴。将大厅关闭三天的原因是要装饰王座。这一理由十分幼稚。关闭会议大厅的唯一目的就是阻止神职人员与下议院的联合，因为大部分神职人员都接受了下议院提出的方案。代表们相继到来，却发现会议厅的大门是关着的，并且有士兵把守，这让他们愤怒至极[①]。代表们互相询问，谁有权中止全国代表的审议工作。他们说要立刻开会，到马尔利的露天广场也行，他们要向路易十六展示人民代表的力量。代表们邀请路易十六以一种真正高贵的、慈爱的、比威胁人民代表更值得尊敬的方式来到他们中间。最后，路易十六允许下议院议长马修•拜利耶在一些议员的陪同下进入会议大厅取走一些文件。在会议大厅里，马修•拜利耶对路易十六向代表们关闭会议大厅的专制命令表示抗议。最后，他在凡尔赛网球场召集了代表，他因勇于代表法兰西人民而青史留名。他们在路上互相鼓励，承诺要

① 米拉波伯爵就废除强制性命令和在制订宪法后再次召开国民议会的问题发表了雄辩的演讲。

联合到生命的尽头。代表们到达了会议大厅，派人去找那些还不知道发生什么事情的其他代表。一个生病的代表找人把自己抬到了会议大厅。人们簇拥在大厅的门口，不断为代表们祝福。一些不服从命令的士兵也来到这个新的自由之所的入口，履行起了哨兵的职责。人们听到了一个声音，这个声音要求每个成员都宣誓永不分离，并在他们认为合适的任何地方与兄弟们集会，直到宪法完成，法兰西王国实现复兴。所有代表都宣誓、签字，这一壮举被记录在了史书中。王室对这种情况视而不见，他们没有想到这一强有力的行动会推翻自己的统治。王室的偏见是导致他们蔑视公民、倡导者及平民的会议的主要原因。人民及人民代表的尊严还没有得到承认。

然而，王室原本能够睁开眼睛，看看自己所犯的错误，调整所要采取的措施。但他们还是坚持自己的做法。路易十六确实将王室会议的时间从1789年6月22日推迟到了6月23日，以腾出时间拆掉台架，而国民议会已经允许大量的围观者在台架上聚集。这一细节加重了王室的错误，因为它给予了神职人员大量时间与下议院联合。6月22日，代表们在凡尔赛的街道上游行，以寻找合适的地方集会。最后，他们将集会地定在了圣路易教堂。教堂为这次会议增添了一丝庄重。一百四十九名神职人员前来审核代表的权力，其中还有几名主教。多芬尼省的两名贵族代表也前来审核代表的权力。这里不如网球场那么辉煌，但从会议的发言以及所产生的实质效果来看，这一天发生的事同样吸引人。

王室会议最终还是举行了。这个会议一度给人一种富丽堂皇的感觉，但议会的重要性不在于镀金的宝座、华丽的华盖、臂上的纹章，更不是恫吓自由人的摆动的羽饰。然而，尽管这种教训在历史上屡见不鲜，王室对此依旧一无所知。会议大厅里转来转去的卫兵并没有让代表们感到恐惧，反而鼓舞了他们的勇气。[①]5月5日，王室给下议院单独分配了一扇门，非常粗暴地让下议院的代表等

① 毫无疑问，事情本就应该这样。

待在通向那扇门的长廊上，暴露在瓢泼大雨中。而此时，另外两个等级的代表则已经坐在大厅的长椅上，最后才让第三等级的代表进场。而后，王室犯的这种错误一次次上演。

路易十六的演讲和宣言的目的是维持对不同等级的区别对待，废除下议院成立国民议会时颁布的著名的法令。他宣布要颁布三十五项条款，赐予人民恩惠。同时他想告诉代表，如果他们忽略了自己，他就会在没有国民议会授权的情况下收回赐予人民的恩惠。除此之外，如果议会是路易十六主持，那么代表们就要遵从惯例的专制形式。在路易十六向人民许诺的福利中，并没有提到人们热切盼望的宪法，也没有提到让三级会议参与所有立法、大臣的职责、出版自由等问题。几乎所有构成政治自由、公民自由的东西都在完全的沉默中被忽略了。路易十六仅仅提到了维持特权阶层的主张。统治者的专制得到了认可，而三级会议的地位却降低了，只能听命于统治者的权力。路易十六可以在不与三级会议协商的情况下发布命令。路易十六的秘密顾问是如此盲目，竟然说服他侮辱国家的代表并废除他们颁布的法令，就好像这些代表只是一群贵族而已。路易十六的最终目标就是要求代表们立刻解散，并在第二天重新回到各自的议会继续开会。

路易十六带着所有贵族代表和一部分神职人员代表离开了。下议院的代表们坐在座位上一动不动，一言不发。看到国家尊严被如此轻视，他们难以克制心中的愤怒。工人们吵吵闹闹地把王座、王座的长凳、王座的高脚凳，以及王宫里“傲慢无礼”的装饰物都搬了下来。然而，有感于先辈们的坚定不移，工人们停止了拆卸。邪恶的专制主义代表们立刻向路易十六报告称，国民议会不遵从他的意见。王室会议的总司仪前往国民议会厅对议长说：“先生，你知道国王的意思。”议长回答说，人民的代表不接受任何人的命令，他只听取国民议会的意见。但炽热的米拉波伯爵预料到这一争论，他对会议司仪说出了每个法兰西人都熟记在心的名言：“我们能坐在这里靠的是人民的力量。除了刺刀，没有什么能将

阿尔芒－加斯顿·加缪

我们从这里赶出去。”①会议司仪离开后，辩论就开始了。阿尔芒-加斯顿·加缪首先发言。他大声反对“王室会议”的专制主义，并大胆争取三级会议的自由权利。他提出，国民议会应坚持其颁布的法令，并且任何人都不能废除。一些代表也热情地支持阿尔芒-加斯顿·加缪的提议。伊曼纽尔·约瑟夫·西埃耶在众

① 从此，这些值得纪念的话语一直刻在米拉波伯爵的半身像上。这个雕像是为支持宪法的人建造的。我们看到的不是一个狡诈的阴谋家的垂头丧气，而是一个热心肠的人的高贵与热情，他真诚地关心祖国的安康，而米拉波伯爵就是这样的人。

人的愤怒中定了定神，然后高呼道："先生们，今天的你们和昨天的你们并无差异。"国民议会颁布法令，坚持自己的主张。此外，就像近来的专制行为向路易十六暗示的那样，王室不会就此停手，代表们的人身自由可能会被侵犯。有关此事的报道已经传到了国外，国民议会宣布每个代表的人身权利不得被侵犯。王室还暗示，凡是胆敢追求自由的人都是可耻的，都是卖国贼，都犯了死罪，并且起诉了那些追求自由的人。

雅克•内克尔是唯一一个没有出席王室会议的大臣，或许是因为他预见了出席王室会议的结果，或许是他被告知了要强制执行王室会议法令的措施。由于他在前一天晚上递交了辞呈，人们以为他会辞职。王后玛丽•安托瓦内特召见内克尔时，路易十六得到了内克尔留任的许诺，而与此同时，大量下议院代表在内克尔的家门口等他，希望说服他留任。那些在王室会议结束后跟着路易十六的市民，以及那些被一种不安的好奇心驱使的人，都涌进了城堡的院子里、走廊里、房间里。每个角落都回荡着他们恐惧而绝望的低语。当从内克尔口中得知他不会离任时，他们便欢呼雀跃了起来。

以上就是王室会议的结果，这一结果与公众福利的敌人的期望正好相反。如此一来，人民对雅克•内克尔更有好感，代表们与雅克•内克尔的关系更加密切。这对大多数神职人员几乎没有什么影响，他们第二天就到国民议会去了。国民议会的一切都很平静，仿佛王室会议从来没有开过似的。6月25日，少数贵族加入了国民议会，其中包括奥尔良公爵腓力一世在内的四十七名代表，这对整个国家来讲弥足珍贵。一位王室成员非常严肃地说："我真为这些人的处境感到悲哀！四十七个家族因此蒙羞。从此以后，谁也不会与他们结为盟友。"

少数神职人员和多数贵族代表依然待在自己的议院做着无用的审核。但这些权力在国民议会的庄严面前消失了。国民议会的伟大光辉使一切黯然失色，国民议会成为人民联合的中心。因此，每一件需要联合的事情现在都变得不可或缺，在自由公民不可动摇的坚定立场面前，专制主义退缩了。路易十六分别写信给贵族议会和神职人员议会的议长，要求这两个等级重新回到三级会议，以便讨论他的第二十三条宣言。神职人员毫不犹豫地答应了，但当贵族议院的议长向他们宣读阿图瓦伯爵的来信时，贵族代表们愤怒地发现，这项提案将会让他们失去反对三级会议时收获的硕果。从阿图瓦伯爵的信中，贵族们得知，与国民议

阿图瓦伯爵

会联合是必需的，因为路易十六的生命正受到威胁。贵族们相信或假装相信路易十六的生命正受到威胁，因此反对意见都被否决了。在王室会议专横地阻止了各力量的联合之后，6月27日，即王室会议结束后的第四天，前两个等级的代表回到了国民议会大厅。

凡尔赛的居民们几天来备受煎熬，一听到前两个等级的代表回到国民议会大厅的消息，就从四面八方奔向凡尔赛宫。守卫们大吃一惊，正准备关上大门，而这时传来的“国王万岁”的喊声足以说明人们是因为高兴才这样做的。市民们像浪涛一样接踵而至，整个凡尔赛的人都被这巨大的热情吸引到路易十六宫殿宽敞的庭院里。他们呼唤国王路易十六和王后玛丽·安托瓦内特。这对王室夫妇出现在阳台上，接受人民的祝福，然后匆匆赶往雅克·内克尔的家，之后依次前往蒙莫兰伯爵、奥尔良公爵腓力一世及马修·拜利耶的家。晚上，巴黎城灯火通明，人们欢欢喜喜地过了一夜。

然而，各等级的联合激怒了那些想要破坏一切的人。他们急于破坏三级会议即将出台的宪法。他们意识到了自己的统治即将结束，取代他们的将是法律的权威，他们用于掠夺和滥用职权的根基不久就会枯竭。在疯狂与暴怒之下，他们提出了解散国民议会的残暴的计划，这一罪恶计划会让人们付出血的代价。但是巴黎让这些破坏分子有些尴尬，这个巨大的首都不是一座城市，而是一个国家。整整一周的时间内，人们躁动到了极点。王宫广场成了市民们的聚集地，市民们对于公共事务很感兴趣：无论白天还是黑夜，王宫广场从来都不缺人。人们每时每刻都在接收来自凡尔赛的消息，包括代表们面临的危险、代表们的成功及代表们对未来的担忧。巴黎城里开始出现饥荒。人们发现，巴黎的面包与凡尔赛的面包质量都变得很差。市民们普遍很痛苦，他们被告知，军队从四面八方赶来包围了巴黎和凡尔赛，并且在很大程度上封锁了这两座城市。尤其值得注意的是，外国军队也被召集来执行这项任务。军队以极大的代价将大炮从边境运来，准备安营扎寨。法兰西王国最著名的将军布罗伊公爵维克多·弗朗索瓦奉命指挥这

布罗伊公爵维克多·弗朗索瓦

支军队。或者更确切地说，如果人们敢反抗，布罗伊公爵维克多·弗朗索瓦就会率军屠杀。

由于缺乏基本的生活保障，巴黎人处在饿死的边缘，军队的行动进一步增加了人民的忧虑。在凡尔赛，一些德意志军队、骠骑兵连和炮兵连似乎是为了驱散三级会议，或者是为了击退所有试图保卫三级会议地点的人而集结起来。那些阴谋家认为自己一定会成功，便公开吹嘘自己的打算。他们坚信自己轻视的平民很容易被将军们和五万大军压垮。他们还传播谣言，说国民大会将立即解散、几个反叛的代表将受到法律的严厉惩罚。

以上行动和传言带来的结果是，整个首都都充斥着一种情绪，这种情绪激起的不是无知和喧闹的动乱，而是来自各年龄层、各种职业的人们的振奋与勇气。巴黎这座著名的城市正张开臂膀欢迎他们。共同的威胁让人们团结起来。妇女在动乱中总是表现出勇敢无畏的精神，鼓励市民们保卫国家。出于公众的危险和爱国主义的崇高精神所激发的本能，市民们一碰到士兵就问，他们是否有勇气去屠杀自己的同胞、同乡、父母和朋友。法军士兵是最宽容的士兵，他们背叛了自己的上级，但忠于国家。他们是第一批发誓绝不会将枪口对向国人的人。士兵们的做法也被其他一些部队效仿。人们纷纷表达对这些爱国者的关心并送上礼物。正是那些为了镇压巴黎人民并继而镇压整个法兰西民族而来巴黎的士兵，与巴黎市民们并肩走在大街上。人们成群结队地跑到王宫广场。每个人都迫切地想要为士兵们提供茶点，每个人都采用了各种方法使士兵们反感专制的政府，并参与谋求自由的共同事业。人们得知，一些士兵会因拒绝向同胞开枪而受到惩罚，十一名法军士兵被关押在阿贝，不久将被押送到比塞特监狱（那里关押着罪行最恶劣的犯人）。这些士兵的遭遇引发了全民关切。人民想解救他们，路上的行人越来越多，监狱的门被强行打开，反抗者冲进了监狱。士兵们得救了，并成功地回到了王宫广场，这里成为他们的避难所。轻骑兵和龙骑兵接到了袭击人民的命令，但他们放下武器，加入了人民的队伍。“法兰西王国万岁”的呼声从四面八方传来，自从下议院组建了国民议会，这里就充盈着高兴地呐喊。同时，人们不再呼喊“第三等级万岁”。最后，一个代表团被派往国民议会为国王路易十六求情。国民议会建议士兵们在和平与秩序公民重建之后听命于路易十六。士兵们重新回到监狱中，路易十六赦免了他们，一切似乎又归于平静。

然而，平静的表面下骚乱蠢蠢欲动。国民议会了解到巴黎市民和凡尔赛市民的不安情绪。每位议员私下里都收到了建议，这进一步增加了议员们的焦虑。近卫军骑兵团时刻上马，瑞士卫兵队驻扎在凡尔赛宫周围，一些德意志军队驻扎在凡尔赛宫一个叫奥朗热瑞的地方。所有人都知道炮兵已经奉命做好战斗准备，但王室还不知道，这些军队早已宣布不会对国民议会或市民开枪。巴黎近郊驻扎着皇家轻骑兵团、波兰皇家步兵团、德意志赫尔姆斯赛特步兵团、瑞士迪耶夫柏克步兵团、萨利夫玛德步兵团、沙托维步兵团、贝尔谢尼轻骑兵团、埃斯特黑齐轻骑兵团、皇家龙骑兵团、普罗旺斯步兵团、温蒂米勒步兵团、贝萨肯步兵团和勒费列步兵团。其他部队在随时待命支援上述部队。国民议会发现不可能再保持沉默，特别是在人民提出了抗议，却被阻止进入会议大厅走廊的情况下。按理说会议大厅的士兵原本只能听从国民议会的命令。因此，国民议会向路易十六提出了一项请求——撤回军队，因为军队惊动了市民并侵犯了国民代表的自由。有人建议路易十六以嘲讽式的残酷口吻拒绝国民议会的要求。路易十六回应说，集结军队是为了保卫巴黎的安全并保护代表们的自由。如果代表们对此感到不快，他可以把国民议会迁往努瓦永或苏瓦松，而他则会迁往贡比涅。这就等于把国民议会置于巴黎军队和佛兰德斯军队及阿尔萨斯军队之间，从而招致更大的危险。这其实是在告诉国民议会，代表们可以自行离开，但军队不应离开自己的营地。米拉波伯爵向国民议会表示，路易十六的这一表态就是拒绝了他们的要求，因此国民议会需要提出新的、更有压迫力的要求：代表们不能离开，但军队应该撤离。把自己托付给路易十六的大臣和顾问就等于把自己交给敌人。[①]国民议会知道路易十六的德性，没有向他提出进一步的要求。

7月11日，路易十六回复了国民议会的要求。7月12日，雅克·内克尔被解职，这是王室打出的第一拳。雅克·内克尔接到要保守秘密的命令，并将在二十四小时内离开法兰西王国。他当天夜里就出发了。为了更好地掩盖自己的离开，他的目的地虽然是科佩，但他还是先踏上了去布鲁塞尔的路。就这样，那个人被放逐了，而三个星期前国王还拒绝了他的辞呈、和王后一起说服他继续任职。雅

① 米拉波伯爵，他的演讲集英语版第1卷，见“致国王的信”“国王的答复”“米拉波伯爵针对国王答复的演讲”。在翻译时，我总是会考虑我的英语读者。

克·内克尔就这样走了，同时带走的还有国民的信心。

第二天，雅克·内克尔离开这件事就在凡尔赛传开了。有消息称，布勒特伊男爵、德·杜埃、拉·加利夫耶、阿诺德·德·拉·波特与布罗伊公爵维克多·弗朗索瓦将组成国王的枢密院。听到这个消息，每个人都心情低落。虽然他们已经预料到这一打击终会来临，因为几天前，他们已经间接受到了威胁，国民议会本不应该在那一天举行。尽管出于共同的危机感，国民议会召集了一定数量的代表，但代表们认为自己无力争论，那种突然在整个巴黎城引起的巨大骚乱是无法形容的。巴黎市民预见到了所能预见到的一切。国民议会被强制解散，首都被敌人占领。惊惶使得巴黎市民匆匆赶往常去的王宫广场。众怒被点燃了，并且很快就

阿诺德·德·拉·波特

燃烧到巴黎的每个角落。专制制度的第一个受害者成为当时的偶像和神。市民们拿到了雅克·内克尔的半身像，据说奥尔良公爵腓力一世也要被流放，他们就把两个雕像放在一起。市民们带着它们穿过巴黎的时候，沿途有大量群众加入这场游行。阿勒芒皇家步兵团的士兵收到了用刺刀进攻两个雕像的命令。但雕像是意识不到这种侮辱的，只有几个市民受了伤。此时，朗贝斯克公爵正与阿勒芒皇家步兵团一起在路易十五广场。人们就向朗贝斯克公爵投掷石块。因此，朗贝斯克公爵便手握军刀冲向杜伊勒里宫，刺伤了走在路上的一个老人。妇女和儿童被这些暴行吓坏了，纷纷发出惨叫和哀号。这时，枪声大作，整个巴黎都在呼喊着拿起武器。警铃鸣响，市民们冲进了兵工厂。

市民们袭击了阿勒芒皇家步兵团的一个连队，骚乱一直持续到晚上。一些在离巴黎不远的地方接受调查的暴徒放火烧了栅栏、进了城，并在街上搜索。

朗贝斯克公爵手握军刀冲向杜伊勒里宫

幸亏当时街上有市民、法兰西王国近卫军和值勤士兵巡逻才没有引发更大的破坏。一些善良的公民突然有了愉快的想法，这一想法将成为光明的宝藏，成为拯救巴黎的力量。巴黎有二十万人，随时准备武装起来保护自己，但缺少可以指挥他们的军官。在人民的慷慨召唤下，国民议会代表被召集起来。他们冒着生命危险勇敢地行使权力，人民满怀信心地服从他们。

在悲伤、惊恐的一天，阴谋者释放出一种罪恶的快感。在凡尔赛的奥朗热瑞，或者更确切地说，在军队驻扎的地方，德意志的拿骚军、亲王、公主、宠臣、男男女女等都在用军乐自娱自乐。他们为士兵们送上礼物和慰问，而士兵们则狂欢、放纵，用解散国民议会和征服法兰西王国的思想来愉悦自己。这是一个令人心碎的夜晚，大臣们伴着外国音乐翩翩起舞，沉浸在屠杀的喜悦之中！

第二天天刚亮，巴黎市民就把头天晚上制订的计划付诸行动。一些暴徒之前抢劫了圣拉扎尔的房子，现在他们被赶了出去。警报响起，每个市民都回到自己的地区登记。从枪匠们那里拿来了所有的火枪，刀剑、军刀、战斧、长矛等各种武器都是临时铸成的。人们冲进了军械库，每个人都拿了被束之高阁的老旧武器，还夺取了藏在荣军院的三万支火枪及六门大炮。接下来的一天，有六万人被武装起来。他们登记入伍并被编成连队，而代表们则竭力确保必需品的供应不受干扰。

与此同时，国民议会告知路易十六，如果军队不撤出首都，国家就会遭受危险。代表们主动要求返回巴黎，以避免市民和士兵发生冲突。但路易十六回答说，只有他自己才能正确判断撤军的必要性，而且他不会改变现有的措施。他认为，代表们提议返回巴黎是毫无意义的，因为他们在巴黎难有动作。此外，国民议会对雅克·内克尔及其他被驱逐的大臣表示了尊敬和惋惜。国民议会坚持解散军队，建立城市民兵，并宣布他们和路易十六之间不存在任何中间力量。接着，国民议会认为大臣们要对现在发生的每一件事负责，并威胁将弹劾任何一位胆敢提出那臭名昭著的“破产”一词的人。最后，国民议会决定继续通宵开会。

然而，即使人民及其代表如此勇敢、如此谨慎，也不足以让王室放弃自己的计划。路易十六的拒绝曾使国民议会感到痛苦。现在，巴黎在做最后一丝绝望的努力。巴黎市民认为，自己已经被敌人推向毁灭。因此，他们决定，要么打败敌人，要么灭亡。接着，激动的人群中涌现出了一批勇敢无畏的人。关键时刻，这些勇敢的人总会挺身而出，自然而然地承担起自己的责任。不止一个声音在呼喊："只要巴士底狱还存在，就不会有和平与自由。"现在，除了"让我们攻占巴士底狱"的呼声外，人们什么也听不到。在这座恐怖的监狱中，巴士底狱的监狱长洛奈侯爵负责指挥作战，他早就做好了防御准备。监狱长刚刚接到了贝桑瓦尔男爵要求他抵抗到援军到来的命令。但他能平复法兰西人偾张的血脉，抵御即将愤怒地涌入巴士底狱的半个巴黎城的人吗？围攻者们呼吁洛奈侯爵投降。洛奈侯爵假装接受了围攻者的条件。一些市民被允许进入巴士底狱，但进入后却立刻被

洛奈侯爵

攻占巴士底狱

捕。因此，那些还未进入巴士底狱的围攻者愤怒至极。一些勇敢的、靠近巴士底狱的围攻者切断了吊桥的锁链。他们几小时就攻占了巴士底狱，而这个地方曾被孔代亲王路易二世·德·波旁指挥的军队围困了二十三天也没有陷落。他们的名字将永远被历史铭记，他们被称为“巴士底狱伟大的征服者”。现在，轮到洛奈侯爵成为囚徒了。他麾下的指挥官护送他穿过一群群愤怒的市民，到达巴黎市政厅。这些指挥官在保护洛奈侯爵时展现出的勇气并不比他们之前保卫巴士底狱时展现的勇气少，但经过一小时的行进和抵抗后，即将脱离危险时，在巴黎市政厅的台阶上被杀了。曾与洛奈侯爵通信的政务长[①]雅克·德·弗莱塞尔也因此受到责备而逃走了，但在格雷夫广场尽头遭到枪击，他的头被从身体上砍下来，血淋

① 相当于市长。——译者注

在格雷夫广场尽头，雅克·德·弗莱塞尔遭到枪击

淋地与洛奈侯爵的头一起被人们用长矛高高挑起，在巴黎的大街上游街。

夜幕降临了，军队将通过昂费堡垒进城的消息蔓延开来，巴黎城中拉响了警报。人们纷纷拿起武器，奔向各自的岗位。一些人拉着大炮，另一些人急匆匆地跑到昂费堡垒，这里已经响起了炮声。房屋被照亮了，路面都被人们掀开，以便把石头搬进房屋，以供妇女砸向士兵。如此的英勇而积极的行动再次拯救了巴黎市民。

凡尔赛的王室根本不相信巴士底狱已经被占领，它一直被视为是坚不可摧的象征。在这种形势下，国民议会发挥了重要作用。当王室正忙于将宪法置于自己的控制之下时，国民议会任命了一个负责为人民拟订宪法的委员会，并两次告知路易十六，但路易十六的回答都含糊其词，没有同意遣散军队。国民议会决定再等一晚，在路易十六答应遣散军队之前，议员们绝不会离开。对于把对国家的信心和希望都寄托在议员身上的人来讲，这是痛苦的一夜！不过，倒不是因为他们自身的危险处境，而是因为他们担忧法兰西王国将成为牺牲品。大多数议员坐在长凳上、桌子上、地毯上，尽管困意十足却不愿闭上眼睛休息。此时，议员利安库尔侯爵成了国家的救世主。他是路易十六的内务总管，深受路易十六和所有高尚者的尊敬，一心为国家谋福利。夜里，利安库尔侯爵返回路易十六那里，他向路易十六报告了目前法兰西王国的形势，以及如果路易十六不放弃那些令人不快的措施，他自己与整个王室将面临的危险。此时，路易十六不再受困于那些背信弃义的顾问。路易十六需要的是真正了解自己内心的顾问，其内心里自然是倾向于仁慈的。他最年长的弟弟普罗旺斯伯爵①也支持利安库尔侯爵的建议。第二天，就在国民议会正要再次派代表过去的时候，路易十六来到了国民议会，既没有摆排场，也没有大量随从跟随。跟在路易十六后面的人一直忧郁地沉默着，路易十六从中吸取了重要的教训。国民议会议员也学着他们的仪态，但当路易十六宣布，他希望与国民相互理解、信任国民议会的代表，并宣布他已经下令让军队撤出巴黎和凡尔赛，且他本人会和国民议会自由联系时，所有人都从长期的抑郁中解脱了出来。路易十六是在所有代表的簇拥下离开的。他们兴奋地把路易十六护送回住所。

国民议会任命了一个代表团，想把这一可喜的消息传达给巴黎人，同时国民议会自身也忙于撤换新的内阁。巴黎人已迫不及待地想确认自己即将享有的自由。他们决定选马修·拜利耶当市长，并让拉斐特侯爵为国民自卫军总指挥官。将这两个头衔授予在困难和危急时刻主持国民议会的人及乔治·华盛顿的朋友是再合适不过了。代表们一到达巴黎，就看到了蔚为壮观的场面，他们又惊又喜。这是热爱自由的人乐见的，他们迫不及待地想要将这一场面展现给国人。

---

① 即后来的法王路易十八。——译者注

巴黎刚刚上演了血腥场面，仅仅两天前，人们还以为巴黎会遭到猛烈的攻击和掠夺，但现在，这里充满欢乐。街道上挤满了市民，窗边全是看热闹的人，他们要看代表们从自己面前走过。人们向代表们倾洒祝福的花瓣，他们耳边回荡着救世主、父辈的名字。母亲们把自己的孩子送到代表们面前，然后紧紧拥抱他们。雷鸣般的掌声阵阵响起，人们热情洋溢，有一种亲切的陶醉感！[①]在这些勇敢的人中，有成千上万的人手持武器，[②]他们高声呼喊着"国王万岁，法兰西王国万岁"。这场战斗使代表们从之前长期的压抑中释放出来。巴黎市政厅和大教堂中又出现了新的感人场面，代表们又回到了国民议会。

这些幸福的场景还缺少一幕，那就是召回雅克·内克尔。新上任的财政大臣自愿请辞。路易十六遵从人们的愿望，恢复了雅克·内克尔的官职。这一消息已通知国民议会，同时路易十六宣布，他会在第二天回到巴黎。议会应巴黎人民的要求派出了第二个代表团以平复巴黎新出现的动乱。

世界上没有哪个城市能像巴黎这样，在激情的迸发下呈现出如此壮观的场景。因为没有哪个城市的人们的交流如此迅速、思想如此活跃。巴黎城内居住着各个省的公民，各个地区公民不同的性格混合成民族的性格，其显著特点就是激情澎湃。巴黎市民的愿望得到了满足。7月15日凌晨2时，代表团从国民议会来到巴黎。7时，从帕西到巴黎市政厅，一支十五万人的军队出现了，每排三个人或四个人。这支军队[③]在等待路易十六。王室成员试图阻止路易十六离开，并试图让他感到不安，但路易十六不为所动，他相信自己的人民，相信自己的良心。路易十六十分清楚，我们同样清楚，他并不是引发内争的始作俑者。路易十六衣着朴素，坐着一辆不大气派的马车，带着天生的自信走进了巴黎，代表们陪伴其左右。但现在的场景与前一夜的场景截然不同：人们不再怀有那种无比快乐、极其

① 巴黎人陶醉其中，热情洋溢。
② 武装起来的人民。
③ 由许多个团组成。

美妙的心情。对过去的回忆、对未来的不确定及对那种真实的、潜在灾难的感知，都压抑着他们，使他们无法由衷地表示喜悦。耳边只能听到“法兰西王国万岁”的喊声。这种喊声是公众意志的象征，是要求国民[1]自由和幸福的象征。路易十六曾面临君主所能面临的最激烈的斗争，但在巴黎市政厅，巴黎市长马修·拜利耶、代表团主席及拉利·托伦达尔雄辩的演讲影响了路易十六。路易十六用一种富有情感的语气说道：“我的人民，你们可以永远信赖我的爱。”路易十六从巴黎市长马修·拜利耶手中接过国徽，并按照之前向人民承诺的那样戴上它，出现在了巴黎市政厅的窗口。人们受到了鼓舞，他们之前只是等待路易十六证明他对人民的感情，现在尽情欢呼起来。人们不断地高呼“国王万岁”，呼声响彻四面八方，炮兵的礼炮声印证了人们梦寐以求的幸福时刻。路易十六回到凡尔赛宫，他看到的只有欢乐，这种欢乐甚至到了疯狂的程度：君主总是能不费吹灰之力就可以赢得人们的喜爱。

有史以来针对国家最恐怖的阴谋就这样被粉碎了。这些事件的影响和它们的伟大程度是成正比的。在这段简短的历史进程中，我们已经看到，多年来，整个法兰西王国已经厌倦了王室不愿意改革滥用权力的问题。在与公共舆论的斗争中，王室一直处于下风，其中一个罪名就是总是以路易十六的名义庇护自己，抵御敌人投来的一切武器，然后借路易十六之手将这些武器投向敌人。王室让路易十六相信，任何对王室不利的言行，对路易十六来讲也是不利的。路易十六言行简单而正确，不喜欢排场，需求有限。他没有别的愿望，只是希望看到他的人民幸福。然而，他被迫以自己的名义犯下了许多罪孽。路易十六的顾问们怂恿他滥用权力的同时，也常常被迫放弃这些权力。顾问们不断地引导路易十六向他们的对手，也就是公共舆论发起攻击。虽然拥有专制权力，但在公共舆论这股不可抗拒的力量面前，路易十六不得不退让，而这股力量仍然不断逼近路易十六。

---

① 据我所知，比起依靠关系代词含糊无力的帮助，重复关系代词和形容词，往往更优雅，也更有活力。恺撒就经常这样做。

世人认为路易十六是正确的，但对王室感到愤怒。王室削弱了人们对王权的尊重，用自由去换取专制主义失去的一切。

为了维护自己的利益而依附王室的人，必然要陷入同样的毁灭中。高贵的神职人员再也无法进行抵抗。尽管从相关机构的建议中王室发现了教会深谙的老谋深算的权宜之计，但王室和教会的联盟只会导致两者都走向毁灭，因为两者的行为方式极其相似。王室的贵族把之前他们蔑视并憎恨的各省贵族吸引了过来，很快就说服了他们在各省的“兄弟”，让他们组成一个共同的联盟来保护王权。在这场上层阶级与第三等级的斗争中，第三等级逐渐意识到，要么自己掌握一切，要么自己什么都不是。至于其他那些支持滥用权力的人，还没有成为上述贵族联盟的成员，因为他们预感到自己可能会失去什么，但他们已经做好了准备。如此一来，法兰西王国就分成了两派：王室派和平民派，因此就诞生了支持贵族的保王派和支持民主的爱国派。

与此同时，人民对王室的最后胜利在整个王国引起了巨大的震动，就像维苏威火山的爆发一样，在很远的地方引起了巨大的震动。所有害怕受到人民惩罚，或害怕因自己的阴谋而受到弹劾的王室成员都乔装后逃走了。大臣们都消失了。德·杜埃让人报告说自己死了。波利尼亚克公爵夫人和她的家人前往巴斯尔，在巴斯尔碰巧遇到了雅克·内克尔。布罗利奥公爵维克托·弗朗索瓦躲到了卢森堡，他手下的主要军官则到处寻找避难所。最后，孔代亲王路易二世·德·波旁和阿图瓦伯爵相继出逃，把国家对自己的仇恨和与日俱增的积怨带到国外去了。阿农维尔伯爵憎恨雅克·内克尔，也憎恨法兰西王国，他之前回巴黎统治过法兰西一段时间，但现在转而前往布鲁塞尔，而布鲁塞尔的亲王们长期以来的错误，也是他们最后的错误，就是听从了阿农维尔伯爵的建议。法兰西王室还在，但它的阴谋已经不存在于国内，人民暂时得到了喘息的机会。只有国王路易十六的弟弟普罗旺斯伯爵和王后玛丽·安托瓦内特的弟弟马克西米利安·弗朗茨没有离开。前者决定继续等待观望，后者决定坚持下去。

由于贵族阶层接连不断的失误，愤怒的人们在一天之内就越过了奴隶和自由民之间的界限。人们报复了贵族，因为他们有充分的理由怀疑，所有贵族都参与了大阴谋。上文已经提到，这一切的关键所在是特权阶层利益与人民利益的斗争。尽管拉斐特侯爵、新任巴黎市长马修·拜利耶、国民议会任命的委员会均费力为德·杜埃周旋，但德·杜埃还是被逮捕、送到巴黎，被愤怒的人民处死。拉斐特侯爵难以阻止巴黎人民行使权利。德·杜埃的头血腥而污秽，被挑着穿过巴黎的大街。德·杜埃的女婿，也就是巴黎的地方官贝尔捷·德·索维尼在贡比涅被抓。就在处决德·杜埃的当天晚上，贝尔捷·德·索维尼被押送巴黎处决。疯狂的

马克西米利安·弗朗茨

人们愤怒地扑向死者的尸体。一个凶猛的民众从绞刑架上把贝尔捷·德·索维尼的心脏野蛮地撕了下来，并把贝尔捷·德·索维尼的头和德·杜埃的头一并高高举起。毫无疑问，两位死者生前做的许多事应该受到谴责，但他们对人民的罪行是在王室拥有专制权的时候犯下的。如果当人们对正义感到绝望，就认为自己有权以这种恐怖的方式为自己伸张正义，这将是一场可悲的危机，巴黎也将变得无法居住。

与此同时，法兰西王国其他地方的人们纷纷效仿巴黎，拿起武器保护自己的安全。人们组建成连、营、团。有一个消息传遍法兰西王国，说逃亡的亲王们正谋划入侵法兰西王国。据说还有成千上万的匪徒正在赶来，人民处在危险之中。已经没有时间浪费了，所有人必须准备自卫。但谁也不知道消息是从哪里传来

德·杜埃被愤怒的人们杀死

德·杜埃的头被高高举起

的。哪怕再不积极的人也会被这种精心编造的恐慌[1]刺激。一周之内，三百万人变成了军人，三色帽徽成为每个人头上的装饰。城市旧管理机构的每一处都在被怀疑，每个地方都在解雇旧人，为负责公共事务的委员会腾出地方。人们在恐

① 恐怖统治导致的恐慌。

惧、希望、对自由的陶醉、权力的毁灭，以及对更好国家的期望之中，每一个地方都确立了一种新秩序。在法兰西王国的农村，人们将愤怒都发泄到领主身上：烧毁他的城堡，消灭他的家族记录，个人仇恨与公众的愤怒交织在一起。这是普遍兴起的第三等级的延续。这时，第三等级正与联合起来的暴政和特权斗争。除了天然掌握的不可抵挡的武力之外，第三等级没有别的工具可用。王室召唤一些人来帮助自己，这些人因自己提供的可怕服务付出了高昂的代价。

此时，哪怕路易十六没有给人们带来希望，至少他让人们恢复了平静。从这一刻起，国民议会就忙于制定宪法，任命委员会来分配不同的任务。同时，国民议会发布了一项宣言，目的是使人们的头脑冷静下来，制止冲动的报复带来的后果，而这些后果的严重性是无法估量的。国民议会还收到了整个法兰西民族忠诚而庄严的誓言，得到了一些机构甚至王室的敬意。王室终于在人民响亮、可怕的呼声[①]中承认了代表的权威。国民议会利用这种权威来缓和各地出现的问题，制止任意扣押被怀疑对自由怀有敌意的人的行为。它发布命令，让粮食自由流通。只是在某些地方，这一举措因交易一方的恶意或另一方的无知而受阻。

正是在这场巨大的骚乱之中，雅克·内克尔横穿法兰西王国，重新回到了首都巴黎。所到之处，雅克·内克尔受到了人们最热烈的欢迎。人们将他视为不可缺少的大臣，是公共事业的殉道者，而王室本身也因考虑欠妥而促成了这一点。他最辉煌的胜利是敌人促成的。巴黎市民欢天喜地地迎接雅克·内克尔。雅克·内克尔从热情的代表们那里获得了特赦，而这种特赦针对涉嫌阴谋反对人民的人。但国民议会的权力还没有大到这样的程度，代表们的要求被否定了，国民议会不得不解释法令的主旨。巴黎少数人居然有权拘捕犯叛国罪的人，事实上这是很危险的。国民议会下令逮捕贝桑瓦尔男爵，因为他是导致雅克·内克尔流放的主要人物，但之后因为缺乏证据，贝桑瓦尔男爵又被释放了。

---

① 在公众的呐喊中。

人们的躁动已经到了极点。看到束缚自己的锁链如此轻易地被打断，人们感受到了自己的力量，并为此而震惊。所以，人们开始肆无忌惮地使用自己的力量来报复曾经压迫自己的人。到目前为止，他们的自由只是放纵，盲目的愤怒夹杂着普遍的仇恨，人们到处寻找惩罚敌人的方法，有时是偶然，有时是出于偏见。永无休止的忧虑折磨着旧日的自由民。为了建立新的秩序和最高统治权，他们将司法权全部据为己有。几次混乱的暗杀都是这种胡作非为的结果。特权的压迫、农民负担的沉重，使农民一次次地恳求减轻负担。而此时在他们看来，这些压迫已经成为无法忍受的痛苦，他们决定要完全摆脱这种痛苦。从开会的第一天起，国民议会就包含了分裂国家的潜在的两派。它们相互厌恶的情绪，加剧了双方之间的暴力行为。不过，有一种情绪在国民议会占了主导地位，那就是对无政府状态持续太久可能产生的后果的恐惧。

在国民议会提出了著名的《人权宣言》之后，必然会证明其价值，但现在，各省的动乱迫使代表们搁置这一重要的议题，不得不先颁布法令让人们放低自己的身份，缴纳还未被制止的税，履行还未被禁止的义务，同时守法。而当所有代表都忙于这件事的时候，安尼·德·诺阿耶站起来，要求代表们注意自己的讲话。他说，国民议会要颁布的反对人民反抗的法令注定会无效，除非国民议会先消除人民反抗的根源。这一根源存在于人们被迫纳的税中，而补救措施是将人民从这个负担中解放出来。国民议会要颁布法令，对各阶层公平征税，封建权利应该得到补偿，个人劳役应该被无条件废除。这一提议得到了另一个贵族代表的支持，他就是艾吉永公爵。艾吉永公爵说，在为法兰西王国制定宪法之前，必须先给予法兰西人一些恩惠，同时通过做出一些牺牲来证明国民议会要求颁布《人权宣言》是正确的。毫无疑问，特权阶层会乐于做出这种牺牲的。这让人们想起了1789年8月4日令人难忘的一幕：一夜之间，所有特权都被废除，所有压迫阶级都被推翻。那些没有看到这一幕的人对这一事件的评价极低，以至这些牺牲要么被代表们的命令禁止，要么成为制定新宪法的前提条件。贵族和神职人员开会

艾吉永公爵

的场面同样壮观，他们牺牲了捕猎、钓鱼、养兔、养鸽的权利；郊区的神父牺牲了自己的特权；拥有封地的人宣布将自己限制在封地中；[①]领主们承认有必要赎回自己的封建权利，以示对农民的不满；尤其重要的是，在激愤的群情中，国民代表们及几个享有特权的城镇怀着爱国的热情不断前进。他们牺牲了自己古老的权利和宪章，坐满了行政机关的台阶，并宣布自己的愿望：今后不再有各省，只有一个国家、一个家族、一个王国。以上是人们对法兰西王国复兴的远大希望。

法兰西王国仿佛一夜之间就复兴了。的确，如果当权者关心人民稍多于关心自己，人民就很容易获得幸福感。看到这壮观的一幕，国民议会也被震撼了。想

① 我衷心地希望我们那些拥有封地的人可以给我们展现另一种奇观。

到给国民带来的恩惠，国民议会不禁激动起来，并决定颁布法令，以纪念这个伟大而光荣的夜晚。国民议会授予国王路易十六“法兰西自由恢复者”的头衔，并派一个代表团向他表示敬意，同时请求他在一个庄严的祷告会上予以协助。[①]

国民议会似乎在一天之内就对可怕的危机造成的延误做出了补偿。但其间，由于资金缺乏和全国上下的混乱，第二次危机又发生了。雅克·内克尔向国民议会提出了一笔无担保的贷款，一共三千万里弗，年利率为百分之五。国民议会没有为这笔贷款提供担保，没有确定还款期限，还把利率降到了百分之四点五。这未免太过于依赖国家信用和富人的爱国心。最终贷款的事流产了。目前还不清楚雅克·内克尔提议的贷款形式是否会取得成功，但他毫不犹豫地说，贷款失败责任都在国民议会。因此，后来，雅克·内克尔提议再贷八千万里弗[②]时，国民议会毫不犹豫地同意了。但贷款并没有达到预期目的，国民议会仍然受到了谴责。

8月4日，即使是贵族的代表和神职人员的代表，也如此热切地做出了牺牲，但贵族和教会强烈反对牺牲自己的特权。尤其是在各省，封建统治更受拥有统治权的人的欢迎，因为他们刚刚买入自己的贵族身份，刚刚获得了统治权。特别是在一些小城镇，人们更希望有比自己地位低的人存在，这样才能凸显自己买入的这个地位：这是人性上百万种弊病之一。[③]因此，一方面，看到这种平等化的趋势，贵族派自然会感到悲伤；另一方面，对于新秩序，人们不加判断，毫无节制地欢欣雀跃。在巨大的骚乱中，城堡和法庭依旧不断被烧。不久，一些匪徒利用这个形势，在几个省分散开来，放火焚烧财物并且不关心被焚烧的财物是哪一派的。国民议会下令严肃控告这些不法之徒，并采取了各种有力而审慎的措施来制止动乱。与此同时，8月4日签署了法令，宣布废除封建制度。同意废除什一税的神职人员得到了由国家补偿他们的许诺。国民议会将这一法令呈交到国王路易

① 最后这个想法不太赞成无神论（Atheism）。
② 实际提供的只有四千万里弗。
③ 我喜欢最后这句话。

十六面前，同时授予他新的头衔："法兰西自由恢复者"。国王路易十六接受了法案和头衔，并邀请代表们前来，以在自己的宫殿里感谢上帝激发了国民议会的慷慨情怀。

第4章

革命与反革命

法兰西王国陷入了巨大的混乱。在这场混乱中，所有秩序的元素都已经存在，只等造物主的援助之手。权力被废除，权威被否定，法兰西王国这个巨大的废墟又增添了封建制度的残骸。每一件事都可能引发忧虑，人们担心法兰西王国陷入无政府状态。如果所有善良的公民都有这样的恐惧，这就会给那些竭力恢复专制制度的人以希望。然而，一个已经习惯秩序的民族不可能习惯长时间的无秩序状态。有产者都武装了起来，成了法兰西的拯救者。而在革命的混乱中，暴徒没有什么可失去的，却有机会得到一切。因为怕被流放[①]，这些暴徒没有在任何一个地方集会。对那些倾向于战斗的人来讲，武器彰显着激情。通过建立秩序、给予有产者的组织“国民自卫军”的称号，首都赋予了他们一种光环和某种重要性。人们纷纷效仿这些有产者。不久，法兰西王国就拥有了身穿国家制服的三百万士兵。这些武装起来的有产者成为财产的保护者，成为真正的公共力量。尽管在某些地方，他们因阻碍了革命进程而成为心怀不满的人手中的工具，但国

① 这是给法兰西王国有产者极好的教训。有产者在暴乱中遭受的伤害本可以通过适当的警惕，从而得到预防。在骚乱出现苗头的时候，不管它是什么引起的，每一位守法的公民都应该警惕。因为在这种情况下，有成千上万的人没有什么可失去的，却有机会得到一切。在破坏财物的时候，暴徒从来不问财物的主人是谁。一个国家中竟然存在政府无法管制的一群人。立法机构和警察都应为此负责。

民自卫军阻止了部分骚乱，他们已经形成一股巨大的抵抗力量，国民自卫军认为自己救了法兰西王国的命。是这个民族保卫了这个国家，这种伟大力量的展示也是伟大智慧的展示[①]。

与此同时，在每个城市，为了保护所有人的利益，人们必须花时间巡逻，以维持城市的秩序和安宁。在国民议会建立新的立法机构时，有产者和无产者这两股力量一直很主动、积极。在新的立法体系建立之前，每个人都在积极支持旧的立法体系。

至少在一段时间内，国民议会帮人们摆脱了对大规模骚乱的恐惧。这些骚乱曾带来一种普遍的无政府状态，但国民议会依然制定了宪法，颁布了《人权宣言》，并将其作为立法体系的基础。根据选民的要求，给一个拥有两千七百万人口、两万六千平方里格领土的国家制定适合的方案，国民议会在《人权宣言》中写入了宣言缔造者的头衔，并确立了国家的政治原则。当代表们开始讨论国王在立法机构中的分量时，国民议会内部发生了激烈的冲突。冲突的一边是那些习惯于盲目顺从国王的人：不管国王表现如何，旧俗者认为国王的做法就是对的，他们认为国王应该是唯一的立法者。总之，他们希望通过国王来恢复自己失去的东西。冲突的另一边是对专制感到恐慌或愤怒的人。除了建立永久的立法机构，他们找不到任何其他保卫公众自由的方法。他们忙于制定法律，并将法律交由路易十六批准。[②]于是，巨大的分裂出现了。议长沙普利耶从座位上看到，自己的左右两边形成对峙。很快，这种对峙蔓延到了整个国家。

在一个自由、开明的国家中，关于立法的辩论应该成为公众自由讨论的话题。如果这种自由被剥夺了就会出问题，人民不会拥护自己的代表。以下问题在国民议会中引发了激烈的辩论：国王是否可以根据自己的意愿阻止实施立法机构提交给他的法律，以及国王的这种否决权是否可以一直有效。这种否决是用

① 勇敢。

② 米拉波伯爵，他的演讲集英语版第1卷，在国王批准时的著名演讲。

拉丁语veto来表示的，意思是“我禁止”，这也是波兰语中的用法[①]。所有各方都同意国王批准法律的必要性，但对于国王否决权的期限，各方意见不一。讨论持续了很长时间，以至法兰西王国的所有公民，特别是巴黎的公民都注意到了这个问题。就像其他类似性质的辩论一样，在这场辩论中，人们也根据现在来判断未来。他们认为，路易十六利用没有明确动机的否决权来阻挠人民实现最高利益，以便帮助王室或群臣实现阴谋诡计。并且正如人们预见的那样，路易十六如果拥有否决权，就会停止国民议会的一切活动，而这正是王室的利益所在。如此一来，实现法兰西王国复兴则不可能了。

作为宪法委员会的一员，让•约瑟夫•穆尼耶观察到由代表们提议的否决权与当时的国民议会无关。作为宪法制定机构，国民议会关心的应该是宪法应该被接受，而不是被批准，但这已经是后话了。人们认同国王在某段时间里可以随心所欲地对立法机构进行瘫痪性的打击。但是巴黎的人们、雷恩的人们与迪南的人

让 · 约瑟夫 · 穆尼耶

① 最初来源于罗马法庭的表述。任何人使用这个词都可以停止上议院的立法程序。

们奋起反对国王的这种否决权。他们认为这种做法永远无法击败专制。但国民议会已投票决定国王的否决权只在两届立法机构任期内有效，并且只能让法案暂停生效。所以，人们普遍接受这一决议。与上述原则不谋而合的是，路易十六本人也拒绝了拥有绝对或无限期的否决权。人们发现，路易十六的意见就是国民议会的意见[①]。

国民议会的讨论关系所有人的命运，所以人们对此都表现出浓厚的兴趣。国民议会确立了立法机构的永久性，并就著名的两院问题进行了辩论。在三级会议召开之前，英国宪法的支持者就两院问题发表了自己的看法。孟德斯鸠早期谈到的选举权，及后来让-路易·德·洛姆出版的著作都支持了这一观点。三种力量相互制约、平衡，没有哪种力量可以侵蚀其他的力量，这成为别国羡慕的对象。但那些不赞成分割国民议会权力的人认为，英国宪法中的均衡不过是三种现存力量之间的平衡，权力被平均分配给了每一种力量。英国没有理由对这种契约不

让-路易·德·洛姆

① 米拉波伯爵坚决反对暂停国王的否决权。在他看来，这可能催生比无限的王权更糟糕的政权形式。

满，但不代表这种契约适合法兰西王国的国情。

除此之外，辩论中还夹杂着个人利益，每场辩论都像吵架。尊贵的神职人员倾向于建立两个议院，以期在上议院获得崇高的位置。大部分贵族同样支持分成两个议院，但就贵族议员的席位问题出现了分歧。因为各省的贵族明白，整个贵族阶层应自由任命其代表，而王室贵族则暗中散布贵族席位应由他们来任命的观点。最后，许多乡绅担心某种无法预料的措施会出台，会使上议院由四十七个少数派组成，而这些少数派已经自愿与国民议会结成联盟。那些受主教影响不大的教区的大臣背叛了国民议会统一的倾向。下议院的多数代表只能看到上议院对贵族的宪法庇护和对封建制度的维护，他们和前两个等级之间一直保持着某种联盟，并且为了阻止路易十六批准1789年8月4日的法令而进行阴谋活动。这些都证实了下议院代表的怀疑。就上议院而言，不确定性导致议员们的态度晦涩。这种晦涩使上议院拥护者的数量减少，至少使他们的热情降低。没有人能看清这样的议会将是什么样子，也不清楚自己应该做什么。个人利益总是被优先考虑，任何政治方案都没有例外。

代表们完全无法理解上议院的终身制度。一旦各阶层的人终身成为上议院议员，他们很容易被王室腐化。上议院不会在规定的时间内任命议员，也不会从整个国民议会中挑选。因此，它只是国民议会的一小部分。有些人反对说，由于缺乏适当的制衡，权力不分开的国民议会将无法被核查。而另一些人则认为，通过延迟审议可以从国民议会内部找到诸多手段来制约国民议会。国王代表国家行使否决权，当代表们表达肯定态度时，国王的否决权就是自然制衡；如果代表们滥用权利，制订对国家有害的法令，国王就可以从这种专制中解救法兰西王国。如果形成三股力量，其中的两股力量自然会危害国家的利益，相比之下，国王和国民议会的制衡对人民更有利。最后，国民议会以九百一十一票对八十九票的多数票通过法令，维持一个议会。此外，国民议会还规定立法机构每两年通过选举进行更新，并且两年内立法机构被称为Legislature。

“批准”这个词的准确意思还没有确定，因为国民议会人数众多、意见不一，因此不能闭门造车地来解决问题。我们不能同专制主义的支持者一样，认为法律仅仅是某个立法者的工作。在一个政权已经存在的情况下建立新的政权，使得国民议会长期处于不利地位，这阻碍了国民议会的运作。国民议会规定，其发布的任何法律都必须由国王批准才能生效。反对国民议会的人利用这一规定，从国民议会理想中的国王到国民议会想要反对的现实中的国王得出推断：他们要继续假装国王拥有控制国民议会日常法令的权力，及阻止制订宪法的权力。他们不会注意到，国民议会已经被授权按照一定的规则建立君主政体，并授予君主这样或那样的权力，而君主又不能像之前那样利用自己的权力来反对民意。国王不是批准宪法，而是接受宪法；在宪法完成之时，他批准法律唯一的目的就是考虑将来的情况。事实上，国王的权力被搁置了，国民代表制订了新的宪法。但国民议会从来没有宣告这一点。借用一些议员的措辞，国民议会给这一伟大但危险的行为蒙上了既神圣又神秘的面纱。

然而，路易十六被赋予的头衔，甚至是宪法让他不断做出的牺牲，都让他悲伤地意识到，立法在没有自己的情况下继续进行。由于对奴性服从的偏见，国民议会的进一步行动都被阻碍了。接着，那些假装对路易十六的处境感到遗憾的人虚伪地悲叹起来，以为他不会怀疑这种情感，对他表现出一种温柔的同情。如果路易十六注意到，比起遗憾他失去的权威，他们更遗憾于自己失去的权威，那么他一定会怀疑他们这种情感的真实性。这种虚假的同情就是为了阻止8月4日通过的废除特权的法令被实施。事实上，路易十六仅仅接受了上述法令的一部分，并且正在思考其余条款。然而，由于国民议会代表的督促，路易十六无条件地接受了全部法令。国民议会承诺会关注路易十六的意见，并尽可能地基于上述法令的原则来制定法律。

这是一个充满光辉的时代，国民议会为许多宪法条款奠定了基础。在法兰西王国，这些条款大大改善了人民的思想。只要我们还拥有记录这些条款的书籍，无论是时间还是革命都不能摧毁这些真理。人们纷纷效仿国民议会的做法，为自己的国家做出奉献和牺牲。法兰西王国的档案记录了英雄的爱国主义。[①]在国民议会中，工匠的妻女们率先做出了贡献和牺牲。

但这些源自公民精神[②]的举动远远不能满足国家的巨大需求。在普遍混乱的状态下，国家入不敷出。雅克·内克尔向国民议会报告了国家财政的困难局面，并提出了一些补救措施。除了其他计划，雅克·内克尔还提议国民将四分之一的年收入上缴国家。国民议会被这一提议吓坏了。但米拉波伯爵以往任何时候都能言善辩，他的姿态、他的表情、他的声音都异常具有雄辩气质，他自信地说服了国民议会颁布法令，同意雅克·内克尔提议的举措。代表们的意见是，他们应该发表一次演讲鼓励国民做出牺牲，让国民为这次法令的颁布做好准备，这对于保护自由和拯救法兰西王国是十分必要的。

然后，国民议会开始讨论关于目前统治者的王位世袭的宪法条款。在这一点上，国民议会需要做的就是坚持遵从代表们的意见。然而，在讨论关于是否让波旁家族的分支（现在的西班牙王室）脱离波旁家族的时候，产生了一个既轻率又无意义的问题。奥尔良公爵腓力一世是国民议会的成员，他对这个问题很感兴趣。主张西班牙国王有权继承法兰西王位的人和持相反意见的人之间发生了激烈的争论。国民议会宣布不会预先决定是否与西班牙王室脱离关系，从而终止了这一争论。这个问题的决定权被留给了将来，留给了国民意志，最重要的是留给了通常用来解决此类分歧的法律。国民议会颁布了几项宪法条款，根据现在提出的原则，路易十六必须绝对接受而不是批准这些条款。因此，国民议会将这些宪法条款连同《人权宣言》一起呈给路易十六。但在国民议会可以进一步改进宪法框架之前，又有人企图阻止国民议会的进步。

本章将简略记述那些笼罩整个事件的乌云。这些乌云都是路易十六的虚伪

① 让我们记住它。
② 公民意识。

朋友一再犯错造成的。宪法条款就是《人权宣言》,《人权宣言》即宪法。每个渴望自由的国家都可以从中汲取自由的原则。路易十六的顾问们竭力阻止宪法生效,迫使他延迟接受宪法。他们认为让路易十六远离宪法十分必要。但代表们提议要实施宪法。

出版自由是由国民议会赋予的,但现在媒体反过来攻击国民议会了。两年多的时间里,每天都有五六部反对国民议会的作品出版。从这一情况来看,反对国民议会的人一定成千上万。国民议会对此不屑一顾,他们不仅允许这些作品在国民议会的会议厅门口出售,甚至可以在会议厅内出售。对路易十六虚假的同情再次出现,这可能会使国民与他们支持的国民议会疏远。虚假同情路易十六的人把路易十六描绘成一个暴露在一群掠夺者面前的殉道者。如果路易十六想要离开,这些人希望能确保他的离开被批准。德斯坦伯爵让·赫克托给王后玛丽·安托瓦内特写信说:“人们已经知道有些人计划带走国王,或者让国王自愿退到梅斯。贵族和神职人员都已参与了这项计划;布耶侯爵将会提供帮助;布勒特伊男爵掌握了这个计划的走向;梅西-阿让托伯爵被请来。”德斯坦伯爵让·赫克托在信中继续说,西班牙王国驻巴黎大使承认,有一个重要的、值得信赖的人告诉自己,有人建议他在联盟协议上签字。[①]德斯坦伯爵让·赫克托向王后玛丽·安托瓦内特陈述了这一计划的严重后果,认为它至少会引发内战。最后,他要求王后重视自己的话。我们不知道这封信对王后产生了什么影响,也不知道德斯坦伯爵让·赫克托为什么派兵进入凡尔赛。一些外国军队的分遣队已经在凡尔赛集结。这个城市开始对军队的动向感到恐慌。巴黎市民都认为,国民自卫军、值勤的瑞士卫兵队加上国王的近卫军有四千人,已足够执行安全保障任务了。因此,他们推测军队还有其他打算。

---

① 此处“他”的指代非常混乱,翻译时无法确认,除非仔细审查议会法案以及其他必须在括号中重复代名词指代对象的正式文件。总体而言,即使是希腊语、罗马语这样严谨的语言对于代词的使用也常常不尽如人意。

与此同时，之前的法兰西王国近卫军在巴黎编成了定期领薪水的军队，被称之为“中央军”，他们渴望保卫国王的荣誉并大声宣告自己的雄心。然而，不管是因为王室害怕有人会阻止路易十六离开，还是因为王室不放心让那些背叛王室的卫兵保卫路易十六的安全，军队的举动都有些过度了。无论谁是告密者，无论谁在巴黎的军队中传播了这一想法，拉斐特侯爵都认为这是阴谋集团的新作。他轻松地说服士兵们不要相信这个消息。然而，在凡尔赛的国民自卫军总司令德斯坦伯爵让·赫克托带来一部分人，并且要求一个团来接替他们，以保护路易十六和国民议会的自由，反对所谓的法兰西王国近卫军的暴动。佛兰德斯步兵团应召而来，路易十六对德斯坦伯爵表示满意。凡尔赛市民对此警铃大作。佛兰德斯步兵团的到来引起了普遍的惊慌。军队带着大炮和军需品进了城，好战的样子给代表们留下了极为深刻的印象。米拉波伯爵大声斥责市政当局的这一举措，但

德斯坦伯爵让·赫克托

市政当局借口巴黎需要保护驳回了这一斥责。与此同时，近卫军的数量翻倍，编外人员增加。尽管士兵们表现出对国民议会的忠诚，但王室还是希望士兵们，尤其是那些可以依靠的新来者放弃这种忠诚，因为这与对路易十六的忠诚相悖。

人们的不信任还是爆发了。龙骑兵的出现使人们惊慌，但很快人们就对他们的动向感到满意。使用近卫军骑兵团的目的与其原本的职责无关，他们所做的事原本是警察该做的，这引起了人们的反感。至于佛兰德斯步兵团，市民和王室在争论谁是最值得安抚的，市民们认为是士兵，而王室认为是军官。国民议会不安地发现自己分成了两派。每当辩论的问题涉及授予国王权力，自由的声音在辩论中受到压制时，王室的代表就会勇敢地站出来。即使是在富足的时候，巴黎也遭受着悲惨的饥饿。面包又贵又差，市民们敲响面包房的门，想要得到救济。一些措施似乎被用来激起人民反对新兴的力量。而有些人显然是被雇来制造混乱的。他们包围了面包店，抢走面包扔到河里，然后回来重复。各省都被谣言吓坏了，一会儿说路易十六要逃走，一会儿说要反革命。想要谣言传播的那一派人士早就开始大肆吹嘘，他们每次搞新的阴谋时都非常自负。最后，除了把国民议会和路易十六藏在城墙内，惊慌失措的巴黎找不到别的办法来消除法兰西人和国民代表的恐惧。巴黎的城墙内驻扎着十万人的大军，随时准备保卫国民议会和路易十六，同时有六十万人时刻在提防着阴谋。

1789年10月1日，路易十六的卫兵宴请了佛兰德斯步兵团的军官和其他几位军界人士。佛兰德斯步兵团的人数现在大大增加了，这就是当时形势和人们思想的真实写照。毫无疑问，这是路易十六的卫兵作为独立编制首次宴请他人。在过去的几天，为了争取凡尔赛国民自卫军的支持，路易十六的卫兵邀请了几名国民自卫军军官参加这次宴会。显然，没有什么比举办一场宴会更天真的事情了，但当时的情况在市民中引起了恐慌。这次宴会的主要目的是把军队交给国王，交给那个同时被国民议会的异端当作牺牲品的国王。一些人假装为路易十六和王室成员的健康干杯，但当有人提议为国家的繁荣干杯时，他们拒绝了。路易十六狩猎回来了，他被喊来看这出戏。王后玛丽·安托瓦内特不得不在宴会快结束的时候出现。掷弹兵、骑兵和瑞士卫兵都在场。王后玛丽·安托瓦内特和她的家人及几位王室成员出现在宴会上，王太子被母亲抱着绕桌走了一圈。赴宴的客人们热情高涨。他们手握佩剑，庄严地为王室成员的健康举杯。王室成员鞠躬行礼后退场。之后，人们开始狂欢。美酒斟满，豪放的宾客们变得激动起来。乐队演奏的是路易十六虚伪的朋友们经常吟唱的音调，正如在葬礼虚伪地大声吟唱大卫·查尔顿创作的颂诗：

奥，理查，我的国王，
世界抛弃了你！

这些纵酒者可笑地模仿起了围攻。一些人勇敢地爬到歌剧院的上层包厢，这里是举行宴会的地方。白色的帽徽被分发给了来宾。之后，这些纵酒者就冲进了牛圈。历史严肃的笔触无法描绘这场不雅的闹剧。人们一直否认国民帽徽在这些贵族的宴会上被践踏，但无法否认王室侍女们把这些白帽徽发给了贝娄娜[①]英勇的孩子们[②]。

闹剧传遍凡尔赛宫的时候，其引发的讨论，确切地说，引发的躁动是十分激烈的。人们跑去看这种可耻的闹剧。但三天以后，在近卫军骑兵团的另一次宴会上，相似的闹剧再次上演。这真是愚蠢透顶，这是要激怒所有法兰西人来反对王室！这五六百名轻浮的可鄙之徒！人们怀疑王后玛丽·安托瓦内特是背后的主谋。她曾给凡尔赛宫的国民自卫军授过彩带。国民自卫军为了感谢王后玛丽·安托瓦内特的出席，一直在等待着她。她向国民自卫军做了以下演讲：

① 古代罗马人崇奉的女战神。——译者注
② 指纵酒的士兵。

国民和军队应该像我们一样爱戴国王。这个星期四发生的事情深深地吸引了我。

王后玛丽·安托瓦内特所说的星期四就是举行宴会的日子。总之，毫无疑问，她事先是知道这个计划的，因为她当时也在场。这让市民们感到恼火。人们现在相信是王后策划了这场阴谋，她要把国王带走，这件事足以引起一场内战。几天后，一个叫贝特松的代表向国民议会通报了这次宴会，而另一个代表拒绝贝特松在自己的发言上签名。此时，米拉波伯爵站起来说，他会替贝特松签名，同时说，只要国民议会宣布，在法兰西王国境内，除了国王路易十六没有谁是不可侵犯的，他就会提供令人信服的证据。

我们已经看到，在人民安全受到威胁的时候，整个巴黎是怎样被迅速煽动起来、武装起来、集中起来的。当听到近卫军骑兵团宴会的消息后，各地都躁动了。除了国民徽章，其他所有徽章都被禁止。而一些愚蠢的人则戴着黑色的徽章，这随时都有丢掉性命的危险。人们惊呼，这显然是场阴谋。近卫军骑兵团藐视国民徽章，拒绝为国家的繁荣干杯，这等于公然宣战。许多圣路易骑士团的士兵、身着外国军服的士兵及头戴单一颜色帽徽的士兵的出现就是阴谋的证据。现在是时候终结诸多不安了。既然某些人想要带走国王路易十六，想让他领导一个党派，那么人民别无选择，只能提前采取措施确保他留在首都。这也是下层市民的选择，他们厌倦了长期的饥荒，相信国王路易十六的出现会带来大量的面包。他们认为饥荒是由国王路易十六离开的计划造成的，他们希望把国王路易十六留在巴黎的城墙内。

拥有并且执行上述想法只是一天的事。饥饿迫使很多妇女从郊区赶了过来。她们大喊着必须要留住路易十六。母亲们无法给自己的孩子提供面包，她们可怕的宣言就是当天所有行动的动力。任何力量都无法破坏这样的行动。妇女们穿过驻扎在空地上的几个营的军队，急匆匆地赶到巴黎市政厅。一些男性装扮成妇女混在里面。他们冲进巴黎市政厅以寻找武器。在难以形容的骚乱中，他们抓起任何能找到的武器，把大炮聚集起来并拖着它们，抓住他们遇到的任何女人并强迫她们参军，然后继续前进并按照他们的方式征募人员。如果不是那个叫斯坦尼斯拉斯-玛利·马亚尔的市民出面领导这些人，并以一种无与伦比的能力亲自指挥他们、命令他们、管理他们、安抚他们，那么他们这种反复无常的骚乱会产生怎样的后果，我们就无从得知了。

同时，市民们想把路易十六带到巴黎。他们全副武装地聚集在一起，通过表

斯坦尼斯拉斯－玛利·马亚尔

明自己坚决服从的态度来表达意愿。由于忌妒近卫军骑兵团保护路易十六的荣誉，中央军感到深受冒犯。拉斐特侯爵对针对路易十六的暴力行为感到震惊，就想竭力缓和这种情绪，但没有成功，他本人也受到了威胁。拉斐特侯爵从市议会求得了一道指令，然后就动身出发了。在看到民兵队伍行进，想要找到并带走路易十六时，巴黎人表现出的喜悦是无法用语言描述的。他们认为自己的苦难终于要结束了。

在饥饿的驱使下，妇女们向凡尔赛宫走去。指挥她们的斯坦尼斯拉斯-玛利·马亚尔说服她们把自己仅仅当作向国民议会请愿的人。当然，说服她们并不容易。就在国民议会还在和国王路易十六纠缠不休的当口，新宪法的条款迟迟未通过。同时，考虑到目前令人担忧的情况和国家的需要，国王路易十六同意作出一些评论。但国民议会坚持认为，只有路易十六完全接受宪法才行。人们注意到，这种表面上的同意实际上是一种反抗。在国王出现之前，国家的权力就已经存在了。这种拒绝接受宪法的态度最终会使国民议会决定撕破那层掩盖这一重要事实的神秘面纱，即宪法颁布的同时，国王的权威也就不复存在。

斯坦尼斯拉斯-玛利·马亚尔成了妇女的代言人，从而阻止她们自己的发声。马亚尔的演讲分为两个部分，一是三天内面包的短缺，二是对国民徽章的蔑视。他要求近卫军骑兵团解下白色徽章，并佩戴国民徽章。就在此时，近卫军骑兵向马亚尔展示了一枚国民徽章。于是，妇女们喊道："国王万岁！近卫军骑兵万岁！"现在可以说，这些近卫军士兵大部分都是爱国志士。他们之所以被冷遇，是因为那些身为王室成员的指挥官们及那些新来的团。他们没有目睹诸多的危机和人们的努力，也没有看到国民议会的勇气。国民议会派了一个代表团到路易十六那里，向他陈述了巴黎居民缺乏粮食的问题。路易十六的回答正是巴黎居民期望的。

直到1789年10月5日22时，路易十六才表示无条件接受《人权宣言》和《宪法条款》，并将其告知国民议会。在六个月的时间里，他不断让位于公众的观点。当

斯坦尼斯拉斯－玛利·马亚尔和他领导的妇女们

今波兰国王斯坦尼斯瓦夫二世亲自领导了波兰革命，波兰王国要按照他认为的适合国情的道路发展。而在法兰西王国，王室与各阶层的轻率和奢侈加剧了政府的冒失。原因就是，王室拥有绝对权力并控制着政府。在三十多年的时间里，法兰西王室权力最小的人就是国王。

妇女们从巴黎出发后，从巴黎又出来一群拿着长矛、战斧和尖锐武器的男人，他们主要仇恨王后玛丽·安托瓦内特和近卫军骑兵团。跟随第二批"入侵者"一同而来的还有几个人。从这些人的外表可以判断出他们是外国人，并且似乎是应召而来的。因为巴黎人都有一种独特的面容，凡是熟悉巴黎人面貌特征的人都能很容易地辨别出巴黎人中的陌生人。这些人已经控制了国民自卫军。（我们要谨慎，不能把这些营和国民自卫军混为一谈。）因为正是他们制造了第二天的骚乱。

凡尔赛的军队已经集结在凡尔赛宫周围。路易十六刚从猎场回来。听人说起妇女的行动后，他禁止士兵开枪。与此同时，各种有序或无序的群体都引发了巨大的骚乱。骚乱此起彼伏，人们的行动方式每时每刻都在变化。在铁门的这一侧，巴黎市民与凡尔赛市民，男性与女性，以及国民自卫军都陷入了混乱之中。据说，一个叫西厄尔·布鲁诺的士兵试图接近铁门，但被近卫军骑兵团击退了。萨沃尼赫和另外两个人手持军刀追赶布鲁诺，结果萨沃尼赫中了一枪。这表明路易十六的卫兵和凡尔赛的国民自卫军互相仇视。凡尔赛的国民自卫军向撤退的路易十六的卫兵开了几枪。更不幸的是，当路易十六的卫兵在不携带武器的情况下将一封礼仪信交给凡尔赛的国民自卫军时，保王派连射了几枪。国民自卫军以为自己被出卖了，所以怒火中烧。一些人拿起火枪，另一些人发炮，一切再次陷入混乱之中。到了午夜，由拉斐特侯爵率领的一万五千名炮兵从巴黎分三路赶来。幸运的是，他们早到了三个小时。

拉斐特侯爵命令士兵们前往凡尔赛宫。也许是王室成员受到了惊吓，也许是路易十六出逃计划的时机到了。王室成员备好了马车，要求路易十六出逃，但马车被凡尔赛的国民自卫军拦住了。路易十六断然拒绝离开。他说，他宁死也不愿看到法兰西人因自己的问题而流血。这种善良的感情一直影响着路易十六，也拯救了法兰西王国，同时证明路易十六之前对出逃的计划一无所知。很明显，王室成员想利用惊慌、混乱的时刻说服路易十六逃跑。他们的一切布局都是为了调动足够多的兵力来护送路易十六出逃。

妇女们奔向凡尔赛宫

在得到国民自卫军的保障之后，拉斐特侯爵终于让国民议会和国王路易十六平静下来。他让自己的军队驻扎在了凡尔赛。1789年10月7日5时30分，拉斐特侯爵离开时，凡尔赛又恢复了平静。他写信给巴黎市政当局汇报情况，以平息首都的骚乱。

10月7日6时左右，那些在夜间成群结队或者待在国民议会的会议厅①的暴民

① 国民议会被迫将会议厅让了出来。——译者注

开始向凡尔赛宫进发。当发现通往凡尔赛宫的道路戒备不严时，他们便像洪水一样涌向那里。暴民们在凡尔赛宫的入口处遇到了一些阻碍，其中一个人被杀。于是，他们又疯狂地向近卫军骑兵团冲去，近卫军骑兵团退到了室内，并决定顽强抵抗。暴民们疯狂地咒骂王后玛丽•安托瓦内特，企图抢劫，趁乱冲开了每一扇门。路易十六和玛丽•安托瓦内特都受到了惊吓，他们在寻找彼此。多亏近卫军骑兵的热情和谨慎，国王和王后才得偿所愿。王后匆匆地穿上了几件衣服，跑到了国王的房间。

在骚乱中，有几个国王卫兵受了伤。这次骚乱爆发突然，发展得也很迅速。拉斐特侯爵得知上述事件后，立刻派副官们去召集国民自卫军，自己则紧随其后。国民自卫军的掷弹兵不久就进入并占领了凡尔赛宫。掷弹兵强行进入国王住处后，把所遇到的暴民驱赶了出去，并驱散了那些正在抢掠财物的人。凡尔赛宫重新恢复了平静。

尽管一些国民自卫军成员竭力阻止，但穷凶极恶之徒还是抓住了两名近卫军骑兵并将他们斩首。最后，国民自卫军击退了暴民，完全控制了凡尔赛宫。暴民撤退后，试图抢劫其他地方，也被国民自卫军驱赶。骚乱仍然没有结束。之前路易十六被偷走的马及近卫军骑兵团的马都被找了回来。最后，绝望的暴民带着两个被斩首的近卫军骑兵的头折回了巴黎，将其作为胜利的象征。

暴民离开之后，早晨血腥的场景随之消失了。此时，国民性格充分地展现出来：爱国的士兵们和路易十六的卫兵拥抱在一起；路易十六的卫兵进行了军事宣誓；路易十六接受了国民自卫军的效忠，国民自卫军挤满了他的房间；路易十六派自己的卫兵保护国民自卫军成员。路易十六走向阳台，去见自己的子民。人们高喊着“国王万岁”。之后，王后玛丽•安托瓦内特也来到阳台，表达自己对子民的爱。人们同样高喊“效忠王后”。最后，他们高喊着“国王留在巴黎”，这是法兰西人的普遍愿望！路易十六承诺会前往巴黎，前提是他要和王后及家人一起。此时，人们都陷入狂喜。军官、士兵、路易十六的卫兵及国民自卫军都互相祝贺、

王后玛丽·安托瓦内特来到阳台，拉斐特侯爵亲吻王后的手

互相拥抱。路易十六的卫兵更换了徽章，将自己的肩带送给了国民自卫军的掷弹兵，后者收下了这份礼物。路易十六的卫兵和国民自卫军互换了帽子和剑。一切都表明，国民自卫军已经不再是那些仇恨近卫军骑兵团的巴黎市民。国民议会曾向路易十六派出代表团，并命令代表团留在路易十六身边。得知路易十六离开后，国民议会又宣布与路易十六不可分离，于是派了另一个代表团向路易十六呈递法令。很快，国民议会决定派第三个代表团护送路易十六到巴黎。

在卫兵的护送下，路易十六于傍晚到达巴黎。他的卫兵和国民自卫军结成了兄弟般的联盟。跟随路易十六的人群欢呼雀跃。妇女们相信，随着路易十六的到来，巴黎会重现富足，饥荒会消失。她们粗俗而有力的语言表明，这才是她们此行的真正目的。[①]现在，路易十六来到了巴黎，并宣布自己将把巴黎作为主要的居住地。

这样一来，王室成员的阴谋就被扼杀了，他们本来是想让路易十六投入特权阶层的怀抱，以路易十六的名义向人民发动战争。有传言说，奥尔良公爵腓力一世企图利用这次骚乱，成为法兰西王国的摄政王。但王室对奥尔良公爵腓力一世毫无好感，调查没有发现他的上述阴谋。总体而言，时局对奥尔良公爵腓力一世不利。至于米拉波伯爵，众所周知，当时他和奥尔良公爵腓力一世的关系并不好，但他竟然被指控支持奥尔良公爵腓力一世的阴谋。后来，布勒特伊男爵重新提出把路易十六押送到蒙梅迪的计划，这证实了当时人们对路易十六被押送到蒙梅迪的计划所做的猜测是正确的。

与此同时，奥尔良公爵腓力一世与拉斐特侯爵一起说服路易十六派奥尔良公爵腓力一世出使英国王室，使那些怀有恶意的人不能以自己的名义在巴黎城内引起骚乱。这样一来，拉斐特侯爵就可以更轻松地保持首都的安宁。以上就是奥尔良公爵腓力一世给予国民议会的理由。在接下来的1789年7月，拉斐特侯爵没有反驳这个理由。

在巴黎提供合适的场所之前，国民议会继续在凡尔赛待了一段时间。现在，它摆脱了一切干扰，专心着手宪法的制定。国民议会的代表们开了很久的会，不是为了讨论那些关系后代福祉的重要问题，就是为了平息长时间的法律空白期间各地发生的骚乱。在三个月的时间内，国民议会组建了地方行政机构并召开了主要会议；规定了选举人的资格；制定了处理暴乱和刑事犯罪的临时法律；规范

---

① 妇女们向拥挤着迎接国王的人们喊道："我们带来了面包师、面包师的妻子和面包师的儿子。"有一个在法律界很有名的家庭被称为面包师，因为在饥荒期间，这个家庭向人们分发了大量的面包。这是当时赞美别人的普遍方式。——拉博·德·圣艾蒂安（Rabaut de Saint-Etienne）的注释。古罗马凡是有地位的家族，无不从人民那里得到一个外号，这些外号就世袭下来。古代英国也有同样的习俗，但有些外号随着它被赋予的人一起消失了，比如长剑（ Long-sword）、强弩（Strong-bow）等，以及称呼国王的博克莱尔（Beauclerc）、狮子输蝓（Caur de Lion）、狐猴（Rufus）等。

了税务中最需要立法机关干预的部分；废除了秘密逮捕令；下令解决抚恤金问题，并着手处理与军队有关的各种事务、增加军队的工资。国民议会将注意力转向了财政，成立了特别基金，在海运方面厉行节俭。不久，封建制度土崩瓦解，特权被废除，阶层区分不复存在，旧的行政机构消失了。卖官鬻爵被废止，国民议会恢复了制定法律、征税的权利，法兰西人重新获得了被遗忘好几个世纪的正当权利。

最重要的是，国民议会趁着法兰西人的热情，永久消灭了各省享有特权的人。在王权专制时代，自由的拥护者曾把唯一的希望寄托在这些享有特权的人身上。而当政者用一种更加迷惑人的手段来施加专制主义的影响，导致支持自由的人的希望一次次破灭。无法摧毁法兰西王国的人仍然抱着迷惑法兰西人的幻想。他们努力说服各省索要自己的特权。这些省形成了三个传统的阶层，并希望保留这三个阶层。法兰西人完全明白这种企图的实质，不可能落入圈套。国民议会按照伊曼纽尔•约瑟夫•西埃耶提出的建议，将国家分成八十三个区域，然后进一步划分为区和州，人民欢欣鼓舞地接受了这一划分。两千多名市民代表从王国的每一个角落直奔巴黎，以实现国民议会的主张。经过三个多月艰苦卓绝的工作，行政区划工作终于圆满完成。可以说，法兰西王国不再有省了，不，应该说“省”这个字已经从法语中消失了。于是，法兰西王国得到了巩固，人民对共和体制的担忧也不复存在。

但国民议会最为关注的是神职人员的庄园问题。国民议会希望神职人员将庄园上缴国家以换取安全，这是偿还法兰西王国巨额债务的唯一方法，也是让法兰西王国免于破产的唯一方法，不过，这遭到国民议会的核心人员激烈地反对。最后，国民议会还是颁布了法令，规定教会的财产完全由国家支配，但国家应适当提供公共礼拜的开支、维持神父的生活并救济穷人。根据这一法令，教区神父每年的俸禄不得少于一千二百里弗，但神父住宅和花园等财产不包含在上述金额内。这条著名的法令于1789年11月2日通过，11月3日颁布，11月4日得到路易十六批准。11月5日，根据这一简单的法令，国民议会成功让特权阶层彻底消失。该法令至今都是法兰西王国宪法的一部分：今后不再有任何阶层差异。

滥用权力的现象如此之多，使政府的每一个机构都不堪重负。国民议会如果无法解决滥用权力的问题，就难有作为，还会为自己树敌。本章不可能把所有诋毁国民议会的手段都记录下来。国民议会在法兰西王国普遍拥有权威，要么阻止工作的人，要么阻碍其执行过程。看到自己的财产被剥夺、薪水被降，神职人员非常愤怒。他们采取了教会一贯使用的措施。如果不是什一税的取消，这些措施也许会成功，因为在这个国家里什一税的收入是如此丰厚。教会指责国民议会企图破坏宗教，但法兰西王国所有教规都合并了，教规的每一章都受到保护。许多主教仿照特雷吉耶主教的做法，在各自教区散布煽动性的话语。他们与教皇庇护六世频繁商谈，以恐吓那些意志薄弱的人。他们用教会的诅咒玷污国民议会。尽管如此，国民议会不断声明自己与天主教精神领袖教皇庇护六世并无不

教皇庇护六世

和，并表明自己忠于祖先们的宗教，以此挫败了上述阴谋。[①]

与此同时，还有大量小册子和期刊出版。众所周知，这些出版物在很大程度上推进了革命。因此，神职人员认为书籍也可以产生反革命的效果，因为“反革命”这个词已经被他们奉为神圣了。他们想散发十倍于支持国民议会书籍的出版物，以此来迷惑法兰西人。法兰西王国内外各类出版机构都致力于出版这些代表虔诚的商品。各种各样的人均被召唤来协助这一神圣的事业，他们写诗、写歌、写警句、写悲剧来反对国民议会，反对国民议会委员会，反对最有名的议员，反对巴黎，反对国民自卫军。他们对国民自卫军尤其蔑视。小册子一波接一波地出版，其出版速度与其内容的愤怒程度呈正比。

各市政机构成立时，特权阶层的希望被唤醒了。在特权阶层看来，这种在未来的政权中处于第一层级的行政机构是现在最普遍的政权形式，也是降低国民议会权力以彻底消灭国民议会的可靠方式。因此，特权阶层渴望在市政机构中安排自己的人。尽管在有些地方并不成功，选举人只要作出了不恰当的选择，就会立刻成为敌人的攻击目标。一些被恶意控制的市政机构还陆续发动了屠杀。

各地议会预见自己会受到压制，于是采取了一种不那么坚决的路线，因为它们明白，除了人民，没有人尊重过议会的权威。而现在，议会连人民的尊重也失去了。不过，之前两个阴谋带走路易十六并差点成功的地区议会表现出了更大的胆量，因为它们认为自己的计划会受到支持。梅斯的议会和鲁昂的议会公然违抗国民议会的法令，雷恩的议会也效仿，因为它们认为，在布列塔尼贵族的协助下，它们会拥有强大的力量。但国民议会谴责地方议会的攻击。地方议会所辖的城镇大声抗议议会的厚颜无耻。除了让自己更加卑微，议会的努力没有带来任何效果，只是加速了毁灭。

① 如果读者希望看到这件与法兰西神职人员的地位变化有关的大事得到妥善的处理，米拉波伯爵关于教会财产的两次演讲及其关于《宗教人员民事组织法案》的不朽讲话一定会使读者感到十分满意。

尽管特权阶层如此积极，但行政机构消极怠工。通过延迟新法律的实施和传播，行政机构让现在的无政府状态延续。行政机构一味希望人民对当前的混乱感到厌恶，希望人民大声疾呼恢复旧政府，因为旧政府可以提供“愚蠢”的安宁。与此同时，这些反对自由的人阴险地制造了粮食短缺、拒绝雇用工匠，希望人民最终会厌倦自己革命的勇气。

在国民议会的会场内，一些言辞激烈的演讲者激怒了那些抱怨失去自己特权的人。仇恨在国民议会内蔓延到了不可容忍的地步，结果一些决心献身于国民议会的代表进行了好几次决斗。

在法兰西王国外部，对王国不利的言论先是通过欧洲各个王室传播，接着通过外交大臣们传播，这都是为了散布他们对法兰西王国的仇恨。欧洲王室建立起了以基督教所有势力为基础的，反对法兰西王国的联盟，其目的是要以一国之主的职责所在说服君主们。他们想让君主们相信，应联合各种力量恢复路易十六的专制统治。轻率的人！他们没有意识到自己同时在告诉欧洲，这也是国家的事业。两位在都灵避难的亲王召集了几位绅士，威胁说要从尼斯和萨伏依入侵法兰西王国，并已派使者到普罗旺斯、尼姆和里昂。撒丁国王维托里奥·阿梅迪奥三世已在边境部署军队。这些人公开宣布，巴黎从此不配作为路易十六的居住地，里昂才有资格成为法兰西王国的首都。

国民议会在抵御这些攻击的同时，进一步踏平了专制制度的废墟。国民议会反对每一种偏见，对抗所有错误行为，坚决抵制滥用权力与篡夺权力。同时国民议会重建珍贵的平等，通过让法兰西王国青年回归原始的淳朴，[①]重新赋予他们重生的力量。法兰西人普遍支持国民议会。国民议会的会议桌上铺满了每个城镇的来信，信中表达了他们对国民议会的喜爱、钦佩和感激，并承诺向国民议会提供三百万士兵以捍卫宪法，同时鼓励国民议会坚持爱国主义。

① 焕然一新的力量。

最后，路易十六本人也给予了国民议会帮助。特权阶层的主要手段之一是宣称路易十六失去了自由，并且路易十六接受或批准相关法令完全违背他的意愿。因此，1789年2月4日，路易十六主动来到国民议会，抱怨有人试图动摇新宪法基础后，宣布自己希望让全世界知道，他和国民议会代表站在一起，他们彼此愿望相同。路易十六说自己要捍卫宪法，这是人们所希望的原则，也符合自己的原则，这是神圣不可侵犯的。路易十六还说，他要和王后玛丽•安托瓦内特一起及早培养儿子对这方面的认识，以适应法兰西王国神圣的新秩序。

路易十六一离开，国民议会就给他写了感谢信。路易十六的这一举措使国民议会的少数成员陷入惊恐之中。为了使这些人参加国民议会并支持路易十六、支持宪法，国民议会规定，国民议会的每一个成员都要进行公民宣誓，任何没有宣誓的成员都不应被允许投票。国民议会还向各省颁布了法令，以提醒他们国民议会为公众自由所做的一切以及为法兰西王国的完全复兴所做的一切，并告诫各省议会抵制那些意图不轨的人所散布的不利谣言。

显然，路易十六的这一举措是自发的，这一度使人民的敌人感到不安，但他们并未决定放弃自己的阴谋。一方面，他们仍然假装把路易十六当作殉道者，并且用“保王派”这个头衔来粉饰自己。另一方面，他们又把希望寄托在逃亡亲王们的努力及欧洲各国的统治者提供的援助上。随着国民议会改革的推进，不满者的人数成倍上升。国民议会最热心的支持者有时也会因其改革的大胆而感到惊讶，但国民议会的敌人则因鲁莽而鄙视它。敌人们相信，国民议会的努力不会长久，法兰西王国很快就会被迫恢复上届政府，或者至少接受“王室”的条件，接受他们至今仍在不停夸耀的王权智慧。

国民议会的敌人决心恢复自己原有的权利，或者要么报仇，要么灭亡。他们利用原来的权势和影响，立刻采取一切可用措施。军队一直是他们的希望，他们不遗余力地让军队与国家剥离。但各部队都勇敢、有力地证明，自己是爱国主义者。从此，军队就像国家一样分裂成两个截然不同的派别：特权阶层和第三等级，军官和士兵。

接着，国民议会的敌人在各部队播下了不和的种子，使官兵们不满、腐化。同时，边疆上的艾诺、朗格多克发生了一些动乱。迁往朗格多克的国民议会的敌对势力一直与尼斯、都灵保持着联系。然而，这个国家的美德、由此产生的爱国主义及被欺骗的军人很快就发现了自己所犯的错误。军人们声讨背信弃义的行为，而敌人正是通过这些行为使他们憎恨宪法。

法院依然存在，并且竭力维持自己的权威。布尔代克斯（Bourdeanx）的议会更甚，它为了激起叛乱无所不做。在法院院长的主持下，这些法院对参与革命的民众进行了报复。巴黎法院似乎成为一种可以被频繁利用的、很有价值的工具。国民议会暂时授予巴黎法院审判叛国罪罪犯的权力。不过，当国民议会发现巴黎法院利用这一权力起诉人民党的几位著名成员时，竟然还是延长了巴黎法院的这一临时权力。国民议会无法忍受自己公正性受到质疑，但长期以来的事实证明，这种公正对公共利益是有害的。国民议会被指责过于放纵法院，这种放纵是致命的。各方都在敦促国民议会设置自己的法院以审判国家的罪犯，并制止目前还在逍遥法外的种种不法行为。法弗勒（Faveras）被指控阴谋将国王带至佩龙讷（Peronne），巴黎法院判处法弗勒死刑，但直到最后法弗勒都辩称自己是无辜的。但还是有人逃脱了法律的制裁，这个人被发现亲手写下计划，提议在蒙梅迪的计划失败之后前往梅斯。或许这个人真的是无辜的，但谁又能证明法弗勒有罪呢？

贵族们竭力在军队中制造不和，法律人员在众多同行各种诡计的协助下，施展狡诈的手段。与此同时，神职人员使用自己特有的武器。在每一个时代、每一个国家，神职人员都重视宗教和神职人员的行为准则，就像每位教师都会重视学说和教师的准则。神职人员从事的事业就是上帝的事业。因此，伤害神职人员的人也就是对上帝不敬。神职人员有好几次都试图把上帝的事业拿到只讨论世俗事务的国民议会上讨论。最后，国民议会宣布将宗教事务置于公共开支的首位，来表明国民议会对天主教的尊重是毋庸置疑的。而宗教的威严及人们对宗教的深切尊敬不允许宗教成为辩论的主题，国民议会无权干涉。在美国成立之前，没有任何一个国家或政权有过这样的先例。这种谨慎的回应为神职人员提供了免受国民议会法令约束的借口，从而使他们免受国民议会的诉讼。①神职人员，特别是聆听忏悔的神职人员利用布道来反对国民议会的规定，一些古老的宗教习俗在各地重新流行起来，让人们渐渐遗忘了自己的理智。惊奇中的人们接受了被施加的布道。几个城镇发生了宗教及非理性的争端所引发的流血冲突事件，但法兰西王国的其他地方并没有效仿这些暴行。在浸染鲜血的地方，这些暴行是狂热主义者最后的呼喊。

与此同时，有人抱怨说，政府正在布列塔尼集结军队，而布列塔尼的城镇坚持认为不需要军队；戍边部队从边疆撤回，而边疆的城镇需要驻军；边疆的国民自卫军没有武器装备，而神圣罗马帝国皇帝约瑟夫二世、撒丁国王维托里奥·阿梅迪奥三世、西班牙国王卡洛斯四世却在集结军队，似乎要入侵法兰西王国；马赛城到处是士兵，他们似乎有意让西班牙舰队靠近。

这些抱怨甚至传到了神圣罗马帝国和英国，反对者期望这些国家的作家们拿起笔来为他们发声。他们的作品被翻译成法语，目的是要说服不考虑他人想法的人，法兰西王国正成为整个欧洲的谴责对象。但除了本身就容易被说服的人，他们谁也说服不了，同时他们承认，这些作家写作的素材都是他们提供的。

许多对新秩序不满的财政家也助长了这种混乱。这些财政家拒绝收税，并以指券为借口诋毁法兰西王国的纸币，因为使用指券付款是建立在数亿元担保

---

① 神职人员以其徒然的主张和罪恶的掠夺，一贯地破坏着自己竭力捍卫的宗教崇拜。人们习惯于将宗教和神职人员看作一回事，那么结果怎样呢？当这些神职人员的怠惰和淫荡招致俗人的不敬时，这种不敬也不幸地扩展到了宗教本身。神职人员的掠夺和专制已经让这个开明的时代厌恶，并使人们普遍产生了一种可怕的观念，即宗教不利于人类自由。然而，真正的基督教是人类自由的保护者。神职人员虽是聪明人，却写了一些不聪明的文章，因此这些文章被冠以哲学的头衔是有失公允的。

的基础上的。他们试图让指券与纸币竞争，因为纸币没有类似的担保。他们甚至预言，国家的财产永远不会出售。

在国民议会的会议厅内，特权阶层竭力延缓国民议会的行动，以维持无政府状态；当法令的影响占上风时，特权阶层会为了促成颁布对自己有利的法律而破坏国民议会的法令；特权阶层会可耻地干扰国民议会的行为，使其失去民众的尊重；特权阶层声称自己是国王的朋友，从而让人们认为爱国派是国王的敌人；特权阶层不断地与各省通信以施加影响，散发表明特权阶层政策的小册子，执行他们认为值得执行的计划。所有人都以为，特权阶层的领导们经常去王后的住处、频繁与王后通信。这些人的会议被称为奥地利委员会，因为奥地利皇帝是会议的主要推动者和保护者。特权阶层的主要做法之一是把一些杂志描述成很受欢迎的样子，然后读给路易十六听。在这些杂志中，路易十六受到了人身攻击和恶意辱骂，因此特权阶层希望路易十六看清自己的处境，并希望他一有合适的机会就逃跑。对此，有人怀疑这些荒唐杂志的作者是从特权阶层那里领薪水。

不过，爱国派的代表们积极挫败了这些阴谋。整个国家对这些阴谋感到气愤，人民变得更加迫不及待，更加活跃。他们完全了解法兰西王国真正的利益所在，没有被任何不实的言论欺骗。无数次演讲和所谓的爱国举动已引起争议，安茹的市民和布列塔尼的市民对反复出现的骚乱感到厌倦，因为骚乱企图把全国人民捆绑在一个大的军事同盟中，使他们丧失勇气。[①]法兰西王国其他地方的人民纷纷效仿，他们同样厌倦了阻碍自己追求新自由的障碍。成千上万的人民聚集在一起，发誓“不自由、毋宁死”。武器的铿锵声、军乐、迎风飘扬的军旗把这么多人团结在一起，万众一心追求同一个目标，心中唤起了对自由的热情。前线的士兵们也希望加入他们的同盟，但一些军官与军事管理机构一起拒绝了他们的请求。最后，路易十六允许士兵们表达爱国热情，成为爱国派。法兰西王国有

① 消解国民勇气。

四百万士兵，他们深知自己的力量，也深知自己的权利。

正当不满分子的阴谋被这种强大的力量扰乱，国民军队似乎要应运而生时，国民议会推进了自己的行动。它通过了一系列法令，保护神职人员的财产。在一些地方，神职人员的财产遭到了新秩序的朋友和敌人的双重破坏。国民议会制订了一切必要的规章制度以保护神职人员的财产，来偿还国家的债务并维护教会的权利。国民议会暂停了神职人员的宣誓，固定了神职人员所属的宗教团体的待遇模式。国民议会的热情还体现在赋予人民新的福祉上。它废除了针对皮革、油脂、肥皂、淀粉和铁所征的税，废除了之前就要求废除的破坏性税种。最重要的是，国民议会废除了盐税这种可恨的、灾难性的税。三级会议曾多次反对征收盐税，事实证明几个世纪以来，盐税是许多骚乱的根源，也是许多惩罚措施的罪魁祸首。考虑到国家的需要，国民议会需要暂时提出一项更可行的税以取代盐税。同样，它取缔了对烟草征收的重税。最终，烟草和盐这两种必需品成为商品。人们尝到了甜头——之前买盐要花十四苏，现在只花四苏。

与此同时，国民议会制定了一套与赎回封建权利有关的法令，制定了临时缴纳什一税的办法。在很长一段时间里，国民议会都在严肃、认真地从事司法权的组织工作，奠定了涉及度量衡统一的新法律的基础。①这是一项重要的任务，但需要各方的合作。国民议会许诺设立陪审团，这是在君主政体开始时就存在的关于个人自由的唯一实质性保证，它履行了这个诺言。国民议会颁布法令，允许与印度自由贸易；因为殖民地一直被过分忽视，国民议会不得不充分考虑现在的形势来决定一些问题，因而制定了有关殖民地未来政策的原则，国民议会给予殖民地一些指示。最后，国民议会释放了所有因专制命令而被监禁的人，并将他们各自的案件交由正规司法机构处理。

废除封建权利损害了某些外国亲王或地主在法兰西王国的收入。国民议会

---

① 统一联盟。

建议他们调整自己所要求的赔偿。这遭到上述亲王的威胁。他们声称自己在法兰西王国领土上拥有统治权，而这种权利是不能用钱补偿的。他们的诡辩真是奇怪！因为所有人都知道，他们拥有出售的自由，不但可以出售自己的权利，还可以出售自己的城市、省份及所属物品。一些亲王扬言要借助德意志人的军事力量入侵法兰西王国。国民议会丝毫不为所动，并计划保护法兰西王国境内法律赋予的权利。它给出的回应就是再次提出赔偿。

与此同时，国民议会制定了关于军队的宪法条款。国民议会为国民自卫军制定了暂行条例，其效力一直到国民自卫军这一真正的人民力量组织起来为止。国民议会还规范了外交部、枢密院及路易十六的开支，并将这些开支不太恰当地称为“民事开支”。当人们为法兰西未来的光荣感到振奋，并且深深接受了“自由”这一至高无上的原则时，国民议会颁布法令，在壁画上为“巴士底狱的征服者”戴上桂冠，把那些法兰西人民压迫者的雕像从路易十四雕像那令人厌恶的基座上移开，并宣布法兰西王国再也不会为了征服而发动战争。国民议会用自由和平等将科西嘉岛和法兰西王国连在一起，并公开悼念本杰明·富兰克林之死，以表达对人类社会自由平等权利的真诚敬意。

国民议会与敌人从事的事业截然相反，因此产生的效果也不同。我们可以很容易地判断，到底是那些一直致力于谋求法兰西王国自由的人占上风，还是那些企图阻碍或者毁灭法兰西王国自由的人占上风。

国民议会颁布的一项法令尤其会激怒特权阶层，其实，这项法令只要求特权阶层牺牲一些微不足道的权利，因为一个自由国家的公民不该享有这些权利。这项法令反对的是头衔、徽章和制服。这是由现有贵族中的爱国派提出的。废除制服是废除贵族、封建制度与封建特权的必然结果，因为贵族特有的徽章是封建权势的象征，制服的功能与徽章相似。至于头衔，它要么代表不复存在的贵族身份，要么代表虚荣，与平等水火不容，因此必须通过废除头衔的法律，这样我们才能以民主的方式废除头衔。

从这一天起，法兰西王国的大部分贵族就成了宪法的死敌。甚至有人不止一次地宣称，这项法令迫使他们必须发动一场内战。哪怕死在法兰西的废墟上，他们也不会停止对荣誉的追求！人类的轻浮和专制主义偏见是如此令人震惊，令人难忘！但贵族的愤怒恰恰成就了这项法令。事实证明，贵族如此执着地维护他们过去的影响，只是因为他们不认为既有的影响已经逝去，或者他们仍然抱有恢复原有影响力的幻想。许多支持这项法令的人批评国民议会法令颁布得过早，一旦阴谋被煽动起来，欧洲所有王室都会成为法兰西王国的敌人。但如果只考虑当时的情况，我们同样会发现，法兰西王国树敌最多之时，亦是法兰西王国粉碎阻碍其自由的阴谋之时。①

事实上，一个国家的力量如果基于人民的勇敢和忠诚，那将是惊人的。对法兰西王国国民自卫军的蔑视不足为奇，因为波斯人以同样的方式谴责了希腊人，西班牙人蔑视荷兰人，勃艮第人和奥地利人蔑视瑞士人。法兰西王国拥有八十万人的国民自卫军，人人配备武器；其他人也决心为自由而牺牲。

就在此时，所有人都根据联合法令联合在一起，法兰西王国到处是一千二百人、两千人、三千人的营地。国民议会在巴黎通过所有民兵与军队代表颁布了这项联合法令。1789年7月14日是巴士底狱被攻占的日子，法兰西王国从此开启了自由的纪元。战神广场一直以威胁毁掉首都的军队的集结地而闻名，现在这里却成为军队指定集结地，仿佛军队要用为纪念自由而烧的香来净化这个被专制主义的残余污染的广场。那天，战神广场改名为“联邦战场”。

战神广场长、宽均为四百突阿斯②，两边分布着高大的树木，而视野被军事学校挡住了。国民议会和路易十六将被安置在一个巨大的高台上，以便观众可以作为宣誓的见证人。路易十六和国民议会将在这里宣誓维护宪法。人们想出了一

---

① 坦率地说，我同意这位法国历史学家的观点。剥去贵族的制服（如果可以这样说）似乎是国民议会一项真正的政策，从而使贵族融入普通大众。拿走代表一个派别的徽章就等于削弱了它的力量。

② 1突阿斯合1.949米。——译者注

个安置四十万观众的绝妙主意，因为观众们都想目睹这一庄严的仪式。他们从地面挖出几突阿斯的土，把土带到广场的四周，按照圆形剧场的形式把土做成座位。[①]一万二千名工人被雇来完成这一工作，但这些工人的工作进展缓慢，需要完成的任务量却很大。巴黎市民担心，这个广场无法在7月14日之前准备好，而对他们来讲，这个纪念日弥足珍贵。这时，法兰西人追求自由的热情和活泼再次展现出旺盛的生命力。市民们自己承担起了这项工作。巴黎的每一个角落都可以看到，三三两两扛着铁锹和锄头走来的居民。这种场景能使他们想起自由的美好，让他们看到战胜敌人的希望。市民们的妻女与他们一起工作。一些修道院的神职人员也与他们并肩行进。各行各业的工人、工匠欢欢喜喜地加入人群中，举着各种象征爱国主义的旗帜。没过多久，这么多慷慨而自由的双手移走的土被运到指定的地方，用以建立座位，或者用于抬高广场中间庄严的圣坛。纤弱的妇女或推着手推车，或挥动铁锹，这样的场景令人动容。母亲们劝孩子们加入这一工作，并对他们说："孩子们，总有一天你们可以对你们的孩子们说，你们的手在为祖国筑坛时磨破了。"有感于这景象，士兵们受联邦部队[②]的委托，加入了援助巴黎市民的行列。广场几天内就完全准备好了。为了举办国家仪式而建立起规模如此大的广场，这一壮举都不像出自凡人之手。

令人永远难忘的仪式终于举行了。各省的民兵、步兵、骑兵、海军陆战队和为法兰西王国服役的外国士兵都按规定的顺序排列好了。之后，路易十六和国民议会宣誓维护宪法，所有全副武装的市民都重复了这一誓言，庞大的人群为这一庄严的宣誓鼓掌喝彩。他们同样宣誓，"不自由，毋宁死"。这一誓言一天之内就传遍了整个法兰西王国。

① 将那当作看台。

② 联邦部队常指法兰西大革命期间加入国民自卫军的部队，是革命力量的代表。——译者注

第 5 章

路易十六接受宪法与大革命结束

最近的革命给法兰西王国带来的最大好处之一是恢复了人民的正常生活、恢复了人民被历届政府剥夺已久的公民权利和政治权利。长久以来，国家信奉“要用铁棒统治人民”，人民无法认识自己的真正利益。平民受教育程度低、从事的劳动低端，无心也无力关注公共问题，因此管理国家的责任必须交给更高阶层的人，这些人比平民更了解平民的利益。在法兰西大革命中，有人曾用实例来支持这些诡辩。人民在不同地方遭受来自其他平民的暴力，这些暴力不仅针对压迫者，有时甚至指向无辜者及从未直接伤害过暴徒的人。这些暴力被引为证据，以证明平民不应影响法兰西王国的管理。

利用人民的无知是不人道的，因为让人民变得无知的是政府。政府利用低水平的教育将人民置于愚昧之中。我们应该哀叹而不是谴责罪恶的奴役，因为尽管暴乱减少，但奴役仍在。除此之外，我们不难理解，贵族之所以希望管理国家的责任交给更高阶层的人，只是因为他们喜欢权势。

此外，如果一个人或多个人主张有权统治其他人，并一代代宣扬暴政[①]，那就没有任何理由可以说明对社会权利的侵犯和对人类的普遍伤害是正当的。最初把他们平等团结在一起的社会制度，没有赋予他们任何一个人统治其他所有

① 父子相传。

人的专权。公共利益是每个人的利益，法律是这样规定的。但毕竟对公约感兴趣的人都应该参与公约的制定。断言个人比整个群体更清楚什么适合这个群体是极大的骗局，这几乎与每个王权政府的执政历史矛盾。有多少君主一心只想着自己的享乐，满足自己的欲望，增加自己的收入，强化自己的权力！有多少君主一心只想着牺牲自己的臣民来开疆拓土，一心只想着卖给臣民虚假的头衔，难道人民会接受这样的统治方式吗？

良好的判断力和经验都证明，人民无论何时获准管理自己的事务，都是用理智和智慧来管理的，这种管理形式迫使人民了解到自己的真正利益，并教导人民不需要依赖他人的知识去理解自己的利益。无知是专制之本，向人民普及知识是自由之火的燃料。人民只有一无所知，才会遵守专制政府的法律，当他们了解到一切，就会追求自由的原则。但当各种不同的专制主义者联合起来互相支持，以贬低养活他们的人民时，他们企图对人民的诽谤就会反弹到抹黑人民的暴君身上。神职人员迷惑人民说，君主的能力是神的能力，人民应该甘心接受君主的惩罚。众所周知，神职人员只会在与君主的关系融洽时这样说。但人民仍然没有听从神职人员的话。

因此，在法兰西王国表现出来的对特权阶层的仇恨，其实是对特权阶层和王室之间勾结的仇恨。它们的勾结就是为了维护封建专制。人们意识到，三种古老的势力相互支持，只是为了更轻松地推翻革命并攫取革命果实[①]。但现在革命已经发展到一定阶段，剑已出鞘。拥护特权阶层的人已向整个欧洲宣布，他们准备反抗他们自以为遭受的暴行。全国人民已经看到，他们是法兰西王国顽固的敌人。市民们惶恐焦虑地认为，如果特权阶层和王室取得胜利，自己将面临可怕的惩罚。他们仿佛看见血染巴黎、巴黎人口减少。[②]全国各地都架起了断头台，人民的代表被交给了刽子手。国家如果放任这一情况发展，就会陷入内战的悲惨境

① 吞噬人民的鲜血和信仰。

② 血流成河。

地，并最终发展成无政府状态或被奴役状态。

特权阶层不再依靠自己的力量，而是召唤欧洲各个王室帮助自己，这让法兰西人对暴政更加厌恶。法兰西人感到惊讶的是，有七八个欧洲人居然认为他们有权在法兰西王国杀戮，因为他们都是王室中人。法兰西人对比了在邻国挑起战火的君主的虚伪行为与将尊重邻国视为首要、崇高职责的君主行为。他们悲叹许多国家都屈从于一个人的专制意志，而因为这个人的专制，成千上万的人要付出生命的代价。贵族越来越成为法兰西人厌恶的对象。他们被视为国家的叛徒，是所有特权的支持者。为了获得虚假的荣誉，他们背信弃义，总想找个机会来摧毁自己的国家，让自己的国家陷入恐怖的内战。人们不相信国王们的无私，而是认为他们正在考虑肢解并瓜分法兰西王国。所有善良的法兰西人都竭力拥护路易十六，反对路易十六那些虚伪的追随者。但人们看到，路易十六的追随者或许已经剥夺了他的王位，并将王位给了比路易十六更爱出风头的亲王。人们对路易十六的不幸感到悲伤。路易十六被背信弃义的人引入歧途，却不知道自己才是阴谋的对象。人们悲哀地看到路易十六的顾问用他的名义发动战争，只是为了隐藏自己的野蛮，让路易十六统治的王国成为废墟。现在，革命名正言顺。法兰西人认为摆脱统治者的束缚是幸福的，统治者的威胁和报复表明他们大肆吹嘘的利益一文不值。现在，人们比以往更能感受到自由的价值。国家成为法兰西人心中的偶像，每个人都做好了为国而死的准备。

国民议会更加认为制订宪法十分必要，这可以保证法兰西王国未来免受专制统治。在政权空白期，哪怕无法充分审核，国民议会还是颁布了《人权宣言》和《公民权利宣言》，只是不知道自己是否应该拥有根据两个宣言进一步制定法律的权利。国民议会使公民知道了自己的权利，这就像一个生病的父亲，怀疑自己活不长了，就把地契交给了继承人。然后，国民议会继续努力，建立立法机构并树立立法机构的权威，又逐渐确定了公民权利，比如平等纳税、就业、惩罚和获得奖励的权利和义务。国民议会允许法律保护下的任何迁徙自由、言论自由、著作自由、观念自由、宗教自由，法律只惩罚危害社会和个人的行为。国民议会确保每个公民的人身自由，并保护其不受专制统治、不受傲慢和令人讨厌的专制君主的大臣的伤害。这些人往往比他们的原则更残忍，更令人无法忍受。

根据孟德斯鸠的箴言，如果由一个人主宰各个阶层，那么这个民族就不可能获得自由。因此，国民议会这个由国民代表组成的机构掌握着立法权，代表人民的意志。而国王拥有否决权或批准权。国王及人民在特定时期任命或选举出来的地方官掌握着执法权。每一个乡都任命了治安法官审理和裁决琐碎的案件。几个县建立的法庭是为了裁决更重要的案件。在这些县，有两个级别的司法机构，上诉是从级别较低的法庭到级别较高的法庭的过程，各个县设立司法刑事法院，案件交由同级别的其他司法刑事法院审判。最后，上诉法院的权力仅为确认刑事案件的严重程度及审核法庭的资格。上诉法院是立法机构的最高形式。与此同时，国家最高法院和陪审团审判叛国罪，调解局处理家庭纠纷。每个公民都可以申请的仲裁就像正义殿堂的前厅。在这里，人们可以保持理性。司法是无偿执行的。

为了管理国家事务，国民议会颁布法令，规定立法机构应每年查明相关税收和费用；国王应该通过他的代理人接收税收，并对王室花费做出交代；根据国王的命令，每个部门的行政机构应该评估税收，接受收入，管理公共事务；在国民议会的监督下，每个地区的行政机构都应该在其特定管辖范围内执行国王的命令。每个城镇或社区的警察都可以经人民选举成为地方治安官。

国民议会就这样分配了权力，调整了各部门的职能，平衡、限制了各部门的权限。国民议会组织了一支军队，以维持国内安全并防止外来入侵。至于法兰西王国与邻国关系，国民议会在维持法兰西王国现有同盟的同时，宣布法兰西王国不会为了征服而发动任何战争。长长的法律目录规范了这些法令的全部细节。

尽管国民议会中几个特权阶层的代表提出反对，立法每天都遇到障碍，但国民议会还是给法兰西王国制定了这样的宪法。不少人想补充说，宪法是有缺陷的。但令人惊奇的是，国民议会竟能在两个敌对派别共存的情况下把宪法制定出来。就这样，确立“国家至高无上，民意即法律”这一原则后，国民议会这个立宪机构就把自己制定的宪法交由下一代人民的经验和智慧来检验。国民议会立刻保护自己的工作免受改革的影响，也不受日益增多的权力滥用和怠工的影响。

合并公共债务也是国民议会关心的对象。国民议会深恶痛绝地拒绝了一切让法兰西王国破产的提议。这些提议以在一天内清偿国家债务为借口，让法兰西王国蒙受耻辱。破产不会使法兰西王国避开破产带来的不幸，也不会使法兰西王国避开这种不幸造成的整体毁灭。国民议会将价值几亿里弗的教会财产和王室领地作为债权人的担保，作为对神职人员的补偿。它将公共收入的一部分分配给在神职部门工作的神职人员，作为蒙受损失的神职人员的抚恤金。上述抚恤金每年的总额超过一亿五千万里弗。但随着领取抚恤金者的陆续死亡，抚恤金也逐渐消失。[①]此外，国民议会还要求国家补偿本书开头提到的大量地产所有者。在禁止出售办公场所后，这些地产就不能再存在了。国民议会规定，补偿工作要逐步推开。无论索赔人是倾向于购买这类财产，还是倾向于保留这类财产以便将其作为货币流通，事实都已证明，以国有财产做抵押而发行的十二亿里弗的指券都用做了补偿。

国民议会还致力于税收改革。它已经废除了某些令人憎恶的税种，因为收税使人烦恼，并且程序极其复杂、花费巨大。国民议会从大局着想，取缔了每个城镇和道路上那些带来不便、让人烦恼的收费站，减轻了人民的负担。法兰西王国将获得自由。这片土地上再也没有省了，王国得到了巩固。国民议会的意愿是，从今以后，土地和工业产品应该无障碍地流通，行人不应在途中被盘问折磨，公民不应再苦于不时闯入家中的收税官。因此，国民议会已经针对外国商品设置了关税。这些闲置的官员被调到边境，收取针对外国商品的税赋。

① 缩减。

废除了这些压迫性的税种后，财政上就留下了一个巨大的空白，现在需要填补这个空缺，而且必须采用一种替代式的收税形式。这种形式既能满足大量开支的需要，又不至于引起人们的不安。虽然减税降低了人们的负担，但程度上还是微乎其微。人们还会对征税产生不满。国民议会制定了土地税、个人财产税、工业艺术中新发明的专利税、纸张和羊皮纸印花税、契约登记和其他法律文书的印花税。然而，在制订特别是执行这些税收计划、设立办事处、任命雇员、编制登记册和评估税收方面出现了不可避免的延误，阻碍了这几种税的征收。同时，其他不利于发布征税信息的情况也存在。那些之前负责征收已被废除的税种的人，清楚地知道自己会被解雇，所以现在只关心个人利益。他们不再理会征收国民议会规定的税种，有时甚至希望这种故意拖延可以阻碍或破坏新立法机构的运转。由于业务繁忙，与税收有关的名录无法快速制订出来。在某些地方，市民的不满经常会干扰行政人员的工作。那些心怀不轨的人高兴地向人民宣布，人民将不得不比以往支付更多的税。尽管支持国民议会的人立马就看出这并非事实，心怀不轨的人却让那些在任何时候都不愿意交税的人错误地认为，事实就是如此。最后，几个之前放弃旧方法而采用了新方法的行政人员，以一种抵制或懈怠的态度实施新办法，从而阻碍了委托给他们的工作的开展。缴税工作搁置，而国家无甚收入，花费却很多。那些心存不满并外逃他国的人迫使法兰西王国不得不花钱购买武器，以保卫自身的安全。这些人故意制造钱币短缺，或者把钱币运出法兰西王国，以耗尽国家的资源，这样国家想要收税就更加困难。法兰西王国对外贸易一直是逆差，而法兰西王国的欠款又必须偿还，所以钱币流出法兰西王国后，就不再流回。汇率上升，法兰西人在对外贸易中处于劣势。法兰西人对此既不安又害怕，只有想到法兰西王国广阔的土地可以弥补这些暂时的损失，才会感到安慰。法兰西人使用小面额的指券来弥补钱币的不足，这些指券无法在法兰西王国以外的地方流通。政府还没有稳定下来，行政机构也处在停摆中。国民议会和王室的意见相左，王室想推翻新政府，这些都有碍新秩序的建立。这段过渡期一片混乱。特权阶层和公众利益之间的冲突仍然存在。当军队介入时，人民运动才暂时停止了。

事实上，历史上没有像法兰西王国刚刚经历的国内革命的例子。法兰西大革命的原则只有一个，那就是改变滥用权力的现象。但在法兰西王国中，滥用权力的现象无处不在。因此，一切都需要改变。要想改革滥用权力的现象，就必须先移走滥用权力的人。宪法的颁布让假装赞同革命的人无处容身，并迫使其他伪装者现身。这些假装赞同革命的人不断抱怨、呐喊，无非因为他们失去了之前的荣耀。这些人从来没有考虑过，因为自己是滥用权力的人，所以禁止滥用权力的法律不能保护他们。法律如果保护这些人，就必须允许滥用权力。每个人都认为可以改革他人，并且乐于承担责任。但看到自己不断遭到进攻时，他们就希望为共同的利益联合起来。然而，他们的战斗不过是小规模的战斗。他们出于个人利益的报复行动和阴谋诡计只能带来混乱。他们的目的是要复兴法兰西王国，但这是不切实际的。他们带来了祸患，也给自己带来了灾难。在一般伤害的危害中，他们为人民的事业服务，为革命辩护。当他们大声疾呼，要求法兰西王国破产时，他们这种联合的荒谬性尤其突出。因为没有任何回报，他们的损失之大前所未有。他们要么是债权人，要么是国家抚恤金的领取者。但他们遗憾地说，他们再也无法享受这一切了。值得注意的是，要偿还数亿债务的国家没有什么不满，而这些领着国家薪水的人却不满意。原因很清楚：这些人想要的是权力，而法兰西王国想要的是自由。

偏见和极端情绪可怕地支配着人们，因为它们常常使人作出与事实或自身利益相悖的判断。[①]法兰西王国不愿意破产，但法兰西王国的债权人敦促它宣布破产。毫无疑问，这个问题只能求助三级会议解决。因此，人民的敌人诅咒三级会议。神职人员声抱怨称，三级会议应有的收入仅有一点三亿里弗，而国家却给

① 我只知道另一个派别，这句话对这个派别很适用。

凡尔赛宫

了三级会议一点六亿里弗。国家向专利权所有人和其他索赔人支付了数亿里弗，这些人之所以对旧秩序感到失望，是因为旧秩序没有给他们支付任何费用就结束了。有人企图煽动外国人反对国民议会，因为国民议会正在向外国人争取巨额贷款的本金和利息。这些人大声疾呼恢复旧政府，而旧政府无疑会毁了他们，或许只有一个例外，那就是习惯于摆脱任何困难的神职人员。的确，普鲁士国王腓特烈大帝在三十年前就预言过，法兰西王室的挥霍无度会迫使它扣押神职人员的财产以偿还国王的欠款，但没有哪一个国王有扣押神职人员财产的权力。

法兰西王国在观光者和在法兰西王国境内旅行的外国人面前呈现出一种与之前截然不同的面貌：一切都发生了变化。曾经富丽堂皇的宫殿顿时黯然失色，其中凡尔赛宫被遗弃了。一大群有爵位的抚恤金领取者曾经围绕在国王周围，耗尽了国库，现在他们消失了。那些半是大臣、半是勇士的年轻人把封地让给了无名的平民。贵族、公爵、侯爵、伯爵和男爵都已消失，头衔已经变得荒谬可笑。

旧事物逐渐消失了。虽然人们有时幻想它们还存在，但具体的情况已很少能记清了。所有司法法院同样受到压制。曾经遍布法兰西王国、掌控法兰西王国的一大群法学家现在成为普通公民，他们的长袍绝迹了。

各省的省长、选举法庭等都已废除，他们的职位由选举产生的行政官提供。法兰西王国不再有市长，不再有助理地方长官、不再有地方议会、地方法官和领事，取而代之的是选举产生的地方长官和市政机构。援助法庭、会计部、财政部、司法部都消失了。在这些错综复杂的机关的巨大废墟上，一种简单而普遍的责任建立起来。

在那些被称为“省州”的庞大机构中，法兰西王国各个省的古老特权已成为少数人的遗产，而现在，它们已融入伟大而统一的法兰西王国中[①]。省已不复存在，这个称呼因存在偏见而被抛弃。省已被遗忘，孩子们将只在历史中学习这一名词。法兰西王国的地图册没用了，因为其内部的地理位置完全变了。还有各种各样的市政辖区、封建领地、选区、普通地区、主教教区、议会管辖区、军政府等，这些地区和机构杂乱无章，持续造成了权利、特权、语言、风俗、社区、财产的混乱。之前，要研究这种混杂的体制需要广泛的知识，而现在法兰西王国的划分简单而统一。法兰西王国分成了八十三个行政区。尽管科西嘉岛和法兰西王国隔海相望、语言不通，但它在进一步向法兰西王国靠拢，以并入法兰西王国。

教会中同样实行了简单的制度，主教的数量减少了，且数量减少的程度是不一样的。每个行政区都配了一个主教。国家取缔了无用的人员，增加了真正有用的人员。神父做出了牺牲，教会会费被取缔。所有神父都变成了受俸神父。无所事事的神职人员不复存在。教堂中有长老会成员、主教和教区神父的住所。教堂中再也见不到宫殿，见不到马车与侍从，见不到崇高的头衔。

在军队里，士兵的工资增加。列兵均可晋升至各个级别。军官们不再需要出示贵族证明，而只需要出示服役证明。军纪要符合新的法律和新的方式。任意惩

① 国家单位。

罚和侮辱性的惩罚终于被废除，士兵可以受同等级的人的审判。服役至退休或在保卫祖国中负伤的人都能得到晋升和舒适的生活保障。军人要成为公民，就必须具备公民应有的美德。

在法兰西王国的农村，公民被从封建制度的奴役中解放出来。法兰西王国过去一半的地区，农产品三分之一的纯收入都交给了神职人员，在其他地区是四分之一或五分之一。而现在，农民不用再交什一税，也不需要再交盐税。之前法兰西王国对这种最便宜的生活必需品设置了过高的价格，每年农民都要因盐税的问题受到惨无人道的惩罚。①农民现在可以自由使用土地、进行耕种、支配收成，一部充满智慧的农村法典将财产置于法律的保护之下。法官日日夜夜秉公断案，不收取任何费用和报酬，他们解决了一次次纠纷。税收的管理和评估都由交税者亲眼见证，交税者有权监督这些部门的运作。很明显，农村地区的幸福一直是国民议会的主要目标，因为农民是国家的卫士，所以农民的耕种和生产应该是自由的，这样才能结出硕果。②由于生活方式的改变，原来以为住在城市里是幸福的人对大自然的感情重新唤起，并庆幸自己能够住在乡村。

最后，法兰西王国的土地上到处是扛着枪、拉着炮、穿着制服的人。由公民组成的大量社团聚集在各地，其目的是阻止当地暴民的掠夺。每个城镇和城市都设立了讲坛，讲坛上不断发出自由的美妙声音。③法兰西王国在欧洲人眼中已不再是堕落的代表，法兰西人也不再受一长串的权力链压迫，而法院则是这一权力链中最主要的一环。法兰西人是一个反对古老法律的民族，他们迫切拥抱新宪法的圣坛。

---

① 饱受折磨。

② 必须要有自由和丰富的生产资料。

③ 就像在别的地方一样，我在这里不得不使用法语“讲坛（tribune）”一词。我想，英语没有一个专门名词可以正确地翻译“tribune”一词；“pulpit”专指教会的雄辩。然而，“Tribune”是一个很麻烦的表达，因为它容易和另外一个拼写形式和它完全一样的单词混淆，而这个词我们都知道，它的意思是古罗马的某个地方官。

但新政府与旧政府之间开始了一场激烈的冲突。一方是由王室和特权阶层组成的旧政府，另一方是代表国家的新政府，这两派都谴责对方，称对方竭力抹杀胜利。王室善耍阴谋诡计，贵族掀起了激烈的反抗运动，神职人员背信弃义。特权阶层的人们反对新法律，祈求上天的帮助。他们说上天已经大发雷霆，说国王路易十六受到侮辱，把权力滥用称为“法律的权威”。人民斗志昂扬、反应机敏、行动迅速，报复起来有时很冷酷。人民拥有大多数人的力量和手段。每个人都利用了自己独有的武器。

然而，在过去一年时间里，这种冲突又有了新的形式。特权阶层起初是防御方，现在却成为攻击方。在这种新型的战争中，特权阶层拥有财富的优势，拥有残留的辉煌及惯常使用的阴谋手段。他们擅长在每个欧洲王室中寻找资源，擅长寻找那种属于进攻者的优越感。他们的计谋都被深深隐藏了起来。人民必然爆发出强大的力量，粉碎任何反对人民的企图。特权阶层一实施阴谋，就会被意想不到的人民起义打乱，同时遭到国民议会多数派的反对。国民议会通过颁布法令的形式粉碎了特权阶层的计划。

基于特权阶层的抵抗，人们可能会判断出特权阶层在法兰西王国拥有巨大的权力。事实上，二十万特权阶层人员阻碍了两千六百万人的努力。公共利益因个别人的利益而无法实现。迄今为止，在军队里，特权阶层的军官们可以指挥那些拥有平民血统的人。在教会中，各教区的绝大多数执事们拥有“团队精神”，服从高贵的主教。在财政上，有收入的地主们控制着所有佃农；在坚不可摧的城镇中，特权阶层拥有控制权。在几个商业城市里，特权阶层可以依靠富人，而富人可以用财富购买贵族头衔，贵族也屈尊接受他们成为贵族阶层的一员。在法律界，特权阶层得到了因职位被取消、地位下降而得到补偿的人的支持。在整个法兰西王国，特权阶层得到了因自身所处形势和性格而藐视人民的人的支持。[①]以

① 外国人经常问“Aristocrates”在法语中是什么意思；Aristocrates就是我刚才所描述的那些人。——拉博·德·圣艾蒂安的注释

上所述的这些人都想把公民拉到自己的阵营中，因为他们的声誉或者不同意见能够对普通公民施加影响。

特权阶层的支持者及特权阶层的努力使法兰西王国内部出现了一些反对自由的企图，这种企图通常以流血冲突告终。毫无疑问，特权阶层的阴谋所造成的流血冲突比人民的复仇所造成的流血冲突要多得多。军官们企图在士兵中间制造分裂，使士兵们反对公民，或使士兵们厌恶公民机构。他们认为，军事专制制度适合以穿上戎装为傲的人。一方面，他们给士官和士兵打上耻辱的烙印，用无理由的爱国主义使士官和士兵难堪，让他们变得顺从。另一方面，士官和士兵被这种过分的暗示和对上级的仇恨误导，不遵守纪律并赶走了军官。这些骚乱在佛兰德斯、阿法尔费斯、洛兰、罗菲永等边境地区最普遍。流亡贵族的涌入催生了两种对立的情绪，士兵的爱国主义高涨，军官们异常愤怒。

就神职人员而言，他们继续组成最可靠、最强大、最容易形成的巨大组合，他们有自己的纪律、制服、战术、计谋和警语。他们以自己的意志强烈地影响着人们的思想。比起士兵们对最有能力、最有权威的将军的忠诚度，教会的军队对教会的忠诚度更高。神职人员告诉人们，宗教信仰被破坏了，所以悲惨的景象才在南方出现，我们再次看到了十字军东征一样的恐怖。

巴黎是各种骚乱的中心。国民议会和王室一直意见相左。虽然路易十六迟早会批准国民议会的法令，但他的顾问们的意图和阴谋昭然若揭。巴黎向各个行政区发出了直白、统一的治理计划，爱国的代表们组成了一个协会，以讨论国民议会的法令。这些代表在雅各宾派那里碰头，并接纳了各个阶层的公民以形成代表人民的思想，这让协会拥有了更大的影响力，其他许多协会与它保持联系。就特权阶层的支持者而言，有些也以“促进公平”的名义建立了协会，尽管这些人在政治上的不作为实际上就是不公平的表现，因为他们这样做的目的是阻碍进步。另一些以君主俱乐部的名义活动。最后，这些人不掩饰也不打算掩饰自己的仇恨。他们处处打着国王的旗号。他们唯一比较明显的诡计是为了以一苏卖面包的名义而设立办事处。但人们看出了他们的诡计，不肯接受他们的食物。特权阶层的支持者为此复仇，称雅各宾派为弑君者。他们相信，一个不专制的国王就是一个已死的国王。

巴黎法院仍然存在并成为特权阶层的主要希望之一。正如前文所述，国民议会曾委托巴黎法院就1789年10月6日凡尔赛宫发生的暴行进行审判。巴黎法院假装调查凡尔赛宫事件的前因后果，并企图暗示奥尔良公爵腓力一世和米拉波伯爵有意暗杀王后玛丽•安托瓦内特。为了达到目的，巴黎法院收集了一切可得的证据。它收到国民议会右翼议员控告左翼议员的证词，并且利用自己的信息获取权获取了大量证词，并将这些证词放在一起，向那些不明事理的人呈现了一个国民议会反对王室的假象。最初，巴黎法院提出了强烈抗议，希望吓退国民议会中的爱国者，因为国民议会可能也不会袒护在凡尔赛宫暴乱中有罪的议员。

但巴黎法院的阴谋使那些始作俑者狼狈不堪。最后，它颁布了针对特定人的法令并对国民议会说："瞧，这个令人恐怖的秘密终于解开了，罪人就在你们中间。"于是，有人向国民议会提出一个问题，议员的不可侵犯性是否可以使奥尔良公爵腓力一世和米拉波伯爵免受起诉？一些发言者表达了自己的观点，这是一个令人恐怖的特权。

与此同时，巴黎法院的议事录印了出来，所有公民都可以读到。公民的吃惊不亚于自己的愤怒。国民议会关注到这件事之前，人们就已经对上述信息作出了自己的判断。大家认为，巴黎法院基于10月5日法令刊发的信息及基于10月6日的事件刊发的信息，实际上是在指控那天在凡尔赛的所有巴黎人。巴黎法院是在检举革命，并意图破坏永远辉煌的事业。巴黎法院企图让巴黎人认为特权阶层让路易十六逃往梅斯的原因是国民议会中一些杰出的议员的叛乱和暗杀，并因此感到愤怒。他们企图表明，奥尔良公爵腓力一世马上要罢黜路易十六，以此来欺骗路易十六，并激起全欧洲对路易十六处境的同情。以上就是流亡贵族和特权阶层到处散布的事情。巴黎法院有权问任何想问的问题，但除了那些有利于实现特权阶层阴谋的证词，它没有理会其他任何证词。巴黎法院收集的多数证词都有利于王室；巴黎法院拒绝了可能与它的观点相悖的证词。尽管巴黎法院诡计连连，但它认为适合听证的三百八十八个证人并没有得出奥尔良公爵腓力一世和米拉波伯爵有罪的结论。巴黎法院刻意避免询问真正引发巴黎骚乱的凡尔赛宫的酒宴和白色帽徽的事情，避免询问引发巴黎饥荒的阴谋，避免询问企图引发内战的将路易十六带至梅斯的阴谋。以上都是叛国行为，本应有一个公正的法院来起诉。

巴黎法院的议事录在各地广为流传，它想让人们认为没有反对王室的阴谋，因为巴黎法院没有发现。国民议会拿到诉讼报告时宣布，对奥尔良公爵腓力一世和米拉波伯爵的指控是毫无根据的。[①]米拉波伯爵发表了以下演讲并赢得了普遍赞誉：

> 是的，内部诉讼的秘密终于暴露出来了。

米拉波伯爵指了指右边特权阶层的支持者所在的席位，说："有些人想借此机会发泄可怕的怨恨，这就是他们的阴谋。事实就摆在那里，它将被最公正、最强烈的复仇情绪真实地刻在历史上。"巴黎法院在对这件事作出判决之后，没有再进行调查。这一新的阴谋和其他阴谋一样卑鄙地终止了。[②]

在特权阶层不惜一切手段在法兰西王国内部制造纠纷的同时，国外在谋划如何入侵法兰西王国。特权阶层依赖的是纪律匮乏的军队、官员们的不满、一些地方市政机构的美好愿景、贵族们的联合、秘密情报部门、一些乡村地区狂热的骚乱、对巴黎及法兰西王国所有地区征的税，还依赖于梅斯及其周边地区法兰

① 米拉波伯爵被诬蔑着、憎恨着，也被崇拜着。他的发言总是能得到赞扬，因此他也会同时被诬蔑、仇恨和崇拜。见他的英语版演讲集第1卷序言，编辑梅亚恩评论的摘录。

② 消失在烟雾中。

西王军队、普鲁士军队对军事行动的准备。

在国外，欧洲所有王室都联合起来，对抗法兰西王国。不管是因为欧洲王室本身就反感“自由”这个词，还是因为欧洲王室认为自己应感谢法兰西王国君主，或者因为欧洲王室发现，不管是现在还是将来，阻止法兰西王国得到应有的幸福对它们来讲是有好处的，总之欧洲王室欣然接受了上述要求。这些欧洲王室错误地认为，只有其他国家被削弱，自身才会强大，其他国家的灾难可以成就本国的繁荣。[①]法兰西王国的大使们也支持别国联合对抗法兰西王国。法兰西王国尊贵的贵族竟然发起了反对法兰西王国的战争。而他们还定期从法兰西王国那得到数百万里弗的报酬。

封建的病态[②]已经感染了欧洲几乎所有的贵族。这种“法兰西王国病”比人们指责的“民主病”更真实、更具传染性。两个派别的书籍和报纸都借用了基督教的宣传手段，但有一点不同的是，除了支持王室的作品，法院不允许免费印制其他作品。流亡贵族是唯一听法院的话的人，但他们引起了听法院的话的外国人的反思，这使法兰西王国的权势人物非常不安。这些人开始考虑结盟的必要性，而他们曾错误地认为结盟是为了他们自己的安全。欧洲的平衡似乎要被打破。从前，所有的君主都联合起来反对那个被认为是最强大的国家，而现在，君主们却联合起来反对看来是最软弱的国家。法兰西贵族们认为，只要牢牢维护法兰西国王的专制地位，那么自己不管做出什么行为都不会让法兰西王国不满，这是他们努力的目标。但这次国外王室联盟同法兰西王国的关系以及联盟的性质都发生了改变，这会让这些法兰西贵族们的未来政治生涯陷入窘境，这比他们现在的处境还要尴尬。事实上，法兰西王国是维持欧洲平衡的重要一环，它的毁灭会打乱整个体系。据说，有人向欧洲君主们提议分割法兰西王国，欧洲君主们甚至

① 希望深入了解这一点的读者不妨查阅康布雷大主教费内伦先生的小册子《君主自省的适当途径》。

② 封建制度令人窒息。

可能已经完成了对法兰西王国的自行分割。但欧洲君主们不知道如此难以执行的分割和由此引发的全面战争会带来什么后果，因为欧洲国家的联盟战争从来没有像发起者们希望的那样完美地结束。

让法兰西王国自由地以这个国家特有的冲劲完成革命，并让更加冷静的人来调解革命，这会是更坦率、更保险的做法。但路易十六不支持这种政策，所有大臣只是擅长轻率地发布命令征税或者杀人。有权有势的人认为，他们可以这样轻率。如果某一革命引发了普遍革命，那也不过是因为伟人的普遍迷恋，乃至全体国民的普遍迷恋，才突然走上了革命的道路。如果欧洲采纳了进攻法兰西王国的计划，法兰西王国的难民将涌向欧洲各地并继而在各地传播革命。

欧洲表现出很强的这种倾向性。神圣罗马帝国忘记了欧洲内部的平衡，似乎想要牺牲唯一可以维持这一平衡的力量。无论是否进攻法兰西王国，西班牙王国都没有能力赢得自身的繁荣，因此它只贡献了一点钱和少量军队。西班牙人依赖的是教皇的精神力量及对异教的憎恶，但他们忘记了，当初法兰西王国陷入困境时，法兰西人装备了四十五艘船来帮助自己。撒丁国王维托里奥•阿梅迪奥三世对此无能为力，既没有勇气，也不抱希望。他把自己的前途系于微不足道的扩张上，不断扩张就是他的目标。欧洲南部正在进行一场宗教战争。与此同时，法兰西王国的期刊和公报遭到了诅咒。至少在当时，普鲁士王国严守法兰西王国的秘密，一心一意支持法兰西王国并将其作为对抗奥地利大公国的力量。它可以做的有很多，但没有承诺什么。不过，普鲁士王国没有解除法兰西王国军队的武装。俄罗斯帝国女沙皇叶卡捷琳娜大帝放弃了对土耳其帝国的战争。在东方，土耳其帝国无疑是叶卡捷琳娜大帝的猎物。她放弃土耳其帝国是为了骚扰西方，并将注意力转向地中海，因为从直布罗陀海峡进入地中海对她来说是不方便的。让神圣罗马帝国皇帝约瑟夫二世苦恼的是，有些领地离他极远并想脱离他的统治。他将路易十六视为可以抵御比利时各省的强大堡垒，但长时间以来，路易十六无法给予他帮助。可以说，神圣罗马帝国皇帝约瑟夫二世想要开疆拓土，想要插手别人的事务，却不考虑怎样才能从由此陷入的困境中解脱出来。英国关心的是与法兰西王国结盟，但令人担心的是，当英国想要结盟时为时已晚。法兰西王国似乎乐意看到一个自由的民族的诞生和成长，而内阁却似乎有意阻挠。小威廉•皮特在武装一些军队和解除另一些军队的武装，装备、检阅舰队，准备比自己想到的更多的东西。他举行了盛大的海军阅兵，却丢掉了东印度群岛。[①]无论是自由还是奴隶制下的法兰西王国，瑞士联邦都是它的天然盟友。瑞士联邦似乎愿意倾听外国人的建议并建立新的联盟。但对瑞士联邦而言，所有新盟国都比法兰西王国更遥远、更没用。一些有权势的神职人员分散在莱茵河沿岸，恳求宗教的帮助、神圣罗马帝国的庇护，等待罗马教廷的震怒，并避免取消什一税。这些神职人员为法兰西王国的敌人提供庇护，虐待那些进入自己教区的法兰西人，并教化在普鲁士和埃斯的法兰西王国流亡贵族。他们侮辱法兰西王国，就像孩子折磨生病的巨人一样。每条路线上都挤满了从彼得堡和威尼斯匆忙赶往罗马和马德里的信使。每个地方都宣布成立联盟，而来自寒冷的瑞典王国君主古斯塔夫三世宣布，他将成为联盟的阿伽门农[②]。

特权阶层的支持者夸大了骚乱的程度。在动乱中，法兰西革命受到了其他国家的尊敬，因为基督教世界里每一个有权势的人都认为对抗动乱对自己有利。这种动乱简直就是一场讴歌。法兰西王国尽管没有货币、没有盟友、没有支持，但并没有像埃德蒙•伯克在英国上议院说的那样从地球上消失，而是傲然矗立着。它或许是唯一一个被欧洲其他国家同时抛弃的国家。

不过，有几件事在法兰西王国是不常见的，这让法兰西人更加关心。与法兰西王国分分合合的阿维尼翁和孔塔以前是普罗旺斯的附属地区，但因为当时一位未成年的小公主的原因，上述地区与教皇疏远了。当法兰西王国以多数票通过了反对这种疏远的法案后，阿维尼翁和孔塔迫切地想要自由。它们决定并入法兰

① 有关东印度群岛的最后一个断言是真的吗？

② 希腊神话中的统帅。——译者注

西王国，普罗旺斯就是法兰西王国的一部分。法兰西国王曾多次接纳上述地区，又多次恢复它们原本的状态，但始终保留它们的主权。这些地区要求国民议会同意它们并入法兰西王国，但很长一段时间以来，国民议会拒绝了它们的请求，只允许它们享有法兰西王国的一些权利。不过这些地区没有管理者，没有法官，也没有任何行政机构，所以它们很快陷入了混乱。这些地区的居民分成了两派，这片原本幸福的土地因而也经历了内战的恐怖。法兰西王国是这两个被遗弃的邻居的天然保护神，它曾把这两个地区的人当作同胞来保护，但因为它本身就很羸弱，所以它的支持也缺乏力度。现在，这些地区发生的破坏行为是可怕的，其周边的各个行政区都陷入争执。由于这种争执日益白热化，发生在孔塔的战争演变成一场全国性的战争。为此，国民议会允许上述地区并入法兰西帝国，并给予教皇适当的赔偿。在法兰西这片土地上，我们所看到的只是一个长期被蹂躏的国家，这里只有巨额债务、教会消散的财产和荒芜的土地。但法兰西王国还是扑灭了南部不和的火焰。

殖民地与法兰西王国有着密切的联系，并为法兰西王国的繁荣作出了贡

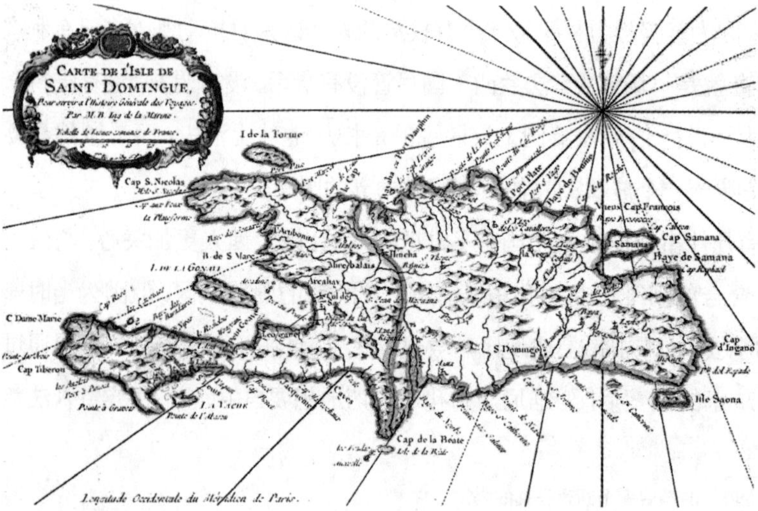

圣多明戈殖民地

献。因此，殖民地是一个更加有趣的研究对象。但事实证明，法兰西大革命既折磨了法兰西王国，也折磨了法兰西王国的殖民地。特权阶层是造成灾难的罪魁祸首。有色人种那种幼稚的自命不凡，加上白人的无理傲慢，导致了圣多明戈这个辉煌殖民地的毁灭。黑白混血儿或有色人种的自由民是白人男子和黑人女子的后代。这些黑白混血儿因他们的父亲而得到了自由身份，他们大部分都有资产。随着种族的繁衍，黑白混血儿后代的肤色越来越白，并且他们的繁衍速度要比白人快，而白人们还抱着返回祖国的希望。有色人种的地位极其低下，以至于白人父亲不愿与他们的混血儿子同桌吃饭。这种偏见之所以盛行，是因为黑白混血者有一部分是奴隶出身，而政策又助推了这种偏见。因为白人与黑人的比例只有一比十，所以白人们竭力向黑人灌输一种观点，即白人是上等人，是上天派来指挥黑人的。白人们认为自己有必要贬低有色人种来彰显自身的高贵，因为尽管有色人种是自由民，但有些仍是奴隶身份。

一听到法兰西王国爆发革命的消息，各殖民地就欢天喜地，因为比起自己的母国，殖民地遭受的专制统治更加严酷。但因为“自由”这个词在殖民地不为人所知，所以没过多久，自由就在殖民地引起了混乱和质疑。“公民”这个词激发了那些因被蔑视而忍无可忍的黑人对获得公民权利的渴望。白人警觉起来，而这种警觉进一步转化成焦虑。他们担心那些尚未自由的黑奴和黑白混血儿也会要求获得自由。黑奴和黑白混血儿不了解自由，所以可能无法恰当地利用自由，从而导致殖民地的毁灭。这种忧虑从法兰西王国一个支持黑人协会的报告中得到证实，该协会希望给予非洲人自由，但其原则被夸大了。

有色人种自由民派了一个代表团到法兰西王国，要求拥有与白人同等的地位，而白人为了反对这一要求而联合起来。这些分歧长期存在，并从一个半球传到另一个半球。在西印度群岛充斥怒火的天空下，这些愤怒的思想很容易就被激怒了。国民议会深深地关注着这个它不可能拒绝的问题，同时在其职权内限制一个殖民地议会。这个殖民地议会渴望从母国独立出来，由国王任命的总督终于不

文森特·奥格

得不被取缔。然而，国民议会宣布，法兰西王国宪法不适用于殖民地，因为殖民地需要一种特殊的政府形式。在没有事先征求殖民地的意见之前，法兰西王国政府不能为殖民地作决定，而国民议会也不会就任何殖民地的情况作出决定，除非殖民地提出准确、正式的要求。如果国民议会立即向西印度群岛派遣代表，对殖民地和母国来说都是幸运的，但直到四个月后国民议会才决定派遣代表，代表最终却没有成行。在被派到法兰西王国的一个叫文森特·奥格的代表的率领下，有色人种企图发动起义，但最终他们溃不成军。文森特·奥格逃到圣多明戈的西班牙人那里避难，但他被交给了追捕者，最终在车上被打死了。这场飓风过后是一阵平静。但两派之间的仇恨仍然存在。

一些军队被派往殖民地，但同时把法兰西王国常见的对被压迫的厌恶及外国人的巧妙暗示带到了殖民地。西印度群岛上有一个叫太子港[1]的团。受上述军队做法的启发，并在反对军官的人的怂恿下，这个团把这些做法发挥到了极致。这个团的士兵刺杀了自己的指挥官。但这支混乱的军队不久就被包围了，然后被送上船，遣返回欧洲。殖民地的行政机构处于无序状态，市政机构成立，国王任命的总督尽管拥有职权，却受到了质疑。

国民议会再次发布法令，但其中一条法令被证明是导致不和的根源。它的大意是，凡年满二十五岁的人都应参加教区集会。既然这条法令涵盖所有人种，那么有色人种不能被排除在外。因此，有色人种坚持认为法令也适用于他们。同样，当国民议会制定一项法律时，是否适用于有色人种也成为一个具有争论性的话题。通过设置殖民地议会，国民议会应提供一个殖民地合法地向母国表达愿望的渠道有色人种的捍卫者阐明了出于理性和正义的动机，宣称国民议会已经将公民权利授予有色人种中的自由民。有关该问题的辩论时间很长，也很激烈。白人殖民者的代表和党羽承认，对有色人种的偏见是荒谬和不公正的。但他们坚持说，国民议会不可能仅靠颁布法令就在一天之内摧毁这种偏见。改变是必需的，但需要时间，并且需要有色人种自身关注这一问题。如果法律突然将这些有色人种的地位提高到白人的水平，就会使殖民地遭受最可怕的灾难。国民议会认识到，无论要颁布的法律性质如何，必定会招致两派中任何一方的仇恨甚至报复，因为这两派各自都有二十万黑人的支持。两个派别的愤怒情绪具有同样的破坏性。此外，它还受到了国民议会独立精神的影响。国民议会甚至向外国人开放了港口，几个白人还威胁要把殖民地让给英国。议会看到，不管颁布什么样的法令，殖民地都准备从母国中分离出来。在这种尴尬的情况下，国民议会既没有武力手段，也没有谈判手段，并且国民议会的代表还没有出发，所以国民议会最终倾向于正义。1789年5月15日，国民议会颁布法令，制定了有关没有自由权的

① 原文为Port-au-prince。——译者注

人及拥有自由权的人的规章制度。国民议会规定，关于没有自由权的人，立法机构不得颁布任何与非自由人的状况有关的法律，除非殖民地议会主动发出正式请求。关于拥有自由权的人，国民议会规定，父母为自由民的有色人种应有进入议会的权利。对于父母为非自由民的人，立法机构不应决定他们的政治状况，除非殖民地议会之前自发并自由地表达了这一愿望。

据载，这项法令到达圣多明戈时，两个派别都不同意。有色人种并不满足于他们的现状，因为他们大部分不是由自由民父母所生。从欧洲传来的消息来看，白人仍然担心国民议会有朝一日会恢复黑人的自由。白人和有色人种之间最激烈的仇恨逐渐平息。在法兰西王国，新法律的实施阻碍重重。白人殖民者把新法律送了回去，并立刻启用了官方的信使。由于行动缓慢，加上政府的软弱无能，被派去执行新法令的国民议会代表无法动身，而这些法令本可以恢复殖民地的和平与安定。法兰西王国没有派出部队支持国民议会颁布的新法律。代表们准备动身时，却出人意料地辞职了。

与此同时，圣多明戈传来了更令人担忧的消息。所有的人都宣称不可能执行新法律，而且殖民地正遭受到最为可怕的灾难。因此，国民议会颁布了一项法令，以解决殖民地抱怨的种种问题，但已为时过晚：由于有人背信弃义，黑人团结的锁链被打破，这些人都拥有武装。某些首领乔装打扮带领黑人去战斗，更确切地说去屠杀。他们在圣多明戈十五里格内的区域大肆杀伐，并野蛮地对待白人。这些事都是最近发生的，所以不可能一一叙述清楚。但总有一天，历史会告诉我们，究竟是谁在背后策划了这场背信弃义的血腥起义。

在反复讨论这些重大问题的同时，国民议会通过了许多行政和司法方面的法律，并通过法令终止了各地多数因党派纷争导致的纠纷和骚乱。同时，国民议会还树立了一座纪念碑来纪念那些为国做出贡献的人。自由的捍卫者、雄辩家米拉波伯爵在其声誉到达巅峰时去世，两个派别都为他惋惜。米拉波伯爵的逝世是公众的灾难。国民议会宣布，米拉波伯爵应该获得国家授予的荣誉。葬礼非常隆重，他伟大的人格完全配得上这场葬礼。他的遗体被存放在现称为“法兰西王国先贤祠”[①]的圣吉纳维芙教堂里。同时，这座教堂也是伏尔泰骨灰的存放处，因为伏尔泰的天才创造抚育了自由的嫩芽，驱散了笼罩着欧洲的黑暗。让•雅克•卢梭也配得上同样的荣誉。国民议会已经下令为让•雅克•卢梭立一座雕像。埃默农维尔的花园保存着让•雅克•卢梭冰冷的遗体，为他立雕像是为了让将来的法兰西人记住并感激这位伟人。

国民议会就这样忙于为自由的信徒们竖立纪念碑并制定可以巩固自由的法律，而专制主义者却忙于修补他们被破坏的联盟。邻国的君主们以各种借口把军队驻扎在离法兰西王国边境越来越近的地方。法兰西王国四周都是外国军队：北边是德意志人，南边是西班牙人，西边是意大利人。只有靠海一面没有被包围，但英国人正在装备一支大型舰队，它们即将封锁法兰西王国的港口。与此同时，人们猜测路易十六很快就会动身去梅斯。据说，在梅斯，路易十六将得到一部分军队的支援并得到普鲁士国王直属步兵团的支援。在梅斯，他将像一个征服者一样向臣服的人民发号施令，或者他会从梅斯出发，镇压法兰西王国的疯狂叛乱。特权阶层希望在国王的带领下取得胜利，以便恢复并重新享有他们所有的尊严。

王室成员都不敢再留在法兰西王国，因为他们害怕人民的报复。路易十六的姑姑率先离开，并且不费吹灰之力就到了罗马。人们预见到王室成员离开的目的后，想要竭力反对，但没有成功。但有消息说，路易十六的兄弟也准备离开法兰西王国，于是大批人聚集在宫殿周围，迫使路易十六保证不离开自己的国家。

不久之后，发生了著名的匕首事件。当万塞讷的一个著名监狱被拆除的时候，暴乱发生了。一场可怕的悲剧将要在杜伊勒里城堡上演。当时出现了一些特

---

① 在接收他们遗体的新建筑建好之前，他们的遗体一直被存放在旧教堂的墓穴里，就在笛卡尔的遗体旁边。有关米拉波伯爵葬礼荣誉的辩论，以及对其葬礼的感人叙述，见他的英语版演讲集第2卷结尾。

制的、形状特殊的匕首，这个阴谋已经酝酿了很长一段时间了。这种匕首由一个结实的环托着，里面有一把双刃刀，末端像毒蛇的舌头。集结地就定在杜伊勒里城堡，一群假意拥护路易十六的人在这里集合。他们大声宣称国王有生命危险，并挥舞着随身携带的武器。两个钟头以前，一个返回城堡的人暴露了整个阴谋。国民自卫军看见这个人上衣里面有一把匕首，立刻逮捕并搜查了他。国民自卫军在这个人身上发现了手枪并将其带到了杜伊勒里城堡。就这样，将要发生的事情已被知晓。两小时后，国民自卫军在同一地方看见了几个可疑的人，并以同样的方式搜查了这些人。国民自卫军同样在他们的衣服下发现了大量手枪，于是解除了他们的武装，把他们赶出了杜伊勒里城堡。城堡的花园里也有很多这样的人，他们同样被赶了出去。有些人被抓了，但不久被释放。没有人受到伤害，路易十六也脱离了危险。阴谋家的失望和遭受的侮辱是他们得到的唯一报复，法院也没有继续追究这件事。然而，市民们现在更加相信，阴谋家的计划是要把路易十六带走。

听说路易十六不久要到圣克卢去旅行，市民们更加害怕了。国王前往圣克卢

马修·拜利耶

的理由是要在那里的宫殿里过复活节，而他完全可以在首都巴黎过复活节。因此，巴黎市民将路易十六的这次旅行视为他要逃跑的借口。路易十六逃亡和内战的恐怖所带来的可怕灾难，使市民们大为光火。正当路易十六上马车时，市民们叫嚷着涌向王宫，坚决反对他离开。马修·拜利耶和拉斐特侯爵企图利用自己的优势地位为路易十六争取离开巴黎的自由，但徒劳无果。人们根本不听他们的劝告。一些激动的人们大声疾呼，一旦路易十六离开了法兰西王国，国民的鲜血就会流遍大街小巷，法兰西王国就会沦为恐怖内战的牺牲品。这些可怕的景象使人民，甚至路易十六的卫兵都态度强硬起来，以致路易十六和王后玛丽·安托瓦内特不得不返回王宫。掷弹兵大声说："我们很清楚，我们违反了法律，但国家的安全比所有法律都重要。"

路易十六回到国民议会，向国民议会表明他坚持要去圣克卢的态度，并认为他的愿望不应遭到反对。路易十六认为自己的自由被剥夺了。事实上，他确实要去圣克卢，但他选择了最不适合为自己的主张辩护的时机。因此，路易十六命外交大臣蒙莫兰伯爵给欧洲几个王室的大臣写信。信中，路易十六非常严肃地要求这些大臣向各自君主表明他对宪法的拥护。为了证明自己的立场，路易十六要求这些大臣向各自君主展示自己所做的一切和许下的承诺。外交大臣蒙莫兰伯爵也许并不是奥地利委员会的秘密成员，他解释了路易十六的这些话，国民议会对此表示赞许并命令把这封信在全国范围内传阅。但事实上，外交大臣蒙莫兰伯爵正在酝酿一个让路易十六逃跑的计划。

要求神职人员宣誓是一种借口，其目的是制造分裂教会的争吵。在争吵中，人们分成两派，为了他们不理解的抽象问题而斗争。国民议会只是出台了面向教会组织的"神职人员的宪法"。国民议会如果不掺和这件事，可能会做得更好，因为每个行业的人都可以按照自己的方式行事，而不是在政府的监督下行事。形势一改变，之前被摧毁的机构可能就会复活。但神职人员牢牢掌控着世俗事务，与政府的利益紧紧相连，所以很难将他们与这些世俗事务和利益分开，并且无论以何种形式来处理这些事务，都不可能避开神职人员。这让每个国家都陷入不同程度的窘境，因为不管这个国家的君主统治是何种形式，神职人员都有掌控他人的倾向。

因此，在根据法兰西王国宪法的原则组织了神职人员之后，国民议会要求神职人员宣誓支持宪法，因为所有公民均已宣誓支持宪法。但同时国民议会要求他们必须发誓维护“神职人员的宪法”。对于那些已经进行公民宣誓但又违背誓言的军人来讲，没有一个人想到说：“上帝受到了军人的伤害。”他们的借口是，他们已宣誓效忠路易十六，因此公民宣誓无效。但神职人员惯于将自己等同于上帝，谁冒犯了他们，谁就冒犯了上帝。因此，某些头脑敏锐的人很快就发现了制造分裂的方法，他们宣称公民宪法是精神层面的，是另一种宗教。要求进行公民宣誓是对良心自由的一种约束，是对神职人员的折磨并让他们蒙受痛苦。这些人甚至说想为此而死，认为自己可能会被处死。其实，这只是因为他们确信国民议会绝不会处死他们。

法兰西王国还有许多充满善意的人。他们认为，“神职人员的宪法”实际上伤害了他们对宗教的虔诚，因为人们最相信的往往是他们最不理解的事情。与此同时，那些不服气的神职人员不得不离开了自己的教区，并得到了抚恤金。但他们竭力保持自己对教民的影响，设法使教民拥护自己，并通过一切手段让教民支持自己。这种分裂唤起了反对宪法的人的希望，他们指望神职人员的分歧可以将法兰西王国拖入内战，因为法兰西人已经不可能为贵族而战，贵族没有办法用抽象的信仰来应付那些难以捉摸的不满者。现在，王室和特权阶层的支持者突然变得虔诚起来。即使在宫廷里，在沃尔姆斯和科布伦茨，他们也是虔诚的教徒。但即使是最愚昧的巴黎市民也没有被这一把戏欺骗。现在，只有在巴黎才有可能爆发内战。

神圣罗马帝国皇帝约瑟夫二世希望法兰西王国恢复原来的秩序，这是法兰西王国特权阶层乐观与希望的源泉。整个欧洲都停止了平日的争吵。现在，信奉基督教的半数王室都在关注波兰的事务，而所有王室都在关注法兰西王国的事务，没有什么能转移这些王室的注意力。法兰西王国流亡者得到了一些德意志诸侯的接待和抚慰。这些流亡者正在征收微薄的税款，并谴责法兰西王国内部强大的威胁。但一个对法兰西人来说更加危险的阴谋早已酝酿成熟了。神圣罗马帝国皇帝约瑟夫二世和西班牙王室卡洛斯四世是法兰西国王路易十六和王后玛丽•安托瓦内特的至亲，他们是这一阴谋的始作俑者。据说，这个阴谋就是交战各国同意全面停战的原因。那些不断在各个王室之间穿梭的信使以及两三个君主之间的拜访表面上看没有别的目的。这一阴谋由布勒特伊男爵策划：阿农维尔伯爵向英国政府求援，法兰西亲王们访问了信奉基督教的所有欧洲王室。他们先后到皮埃蒙特、威尼斯、和维也纳寻求人力和金钱的支持。之后，亲王们又回到沃尔姆斯和科布伦茨并建立了小型王室。此后，这个小型王室的规模不断扩大，最后，所有人都认为向发动战争的是法兰西王室，而原本应该在凡尔赛宫的王室去了沃尔姆斯。

但布耶侯爵所采用的手段是最危险、最阴险的，因为他的阴谋是在法兰西王国国内策划的。在长期拒绝宣誓维护所有军队都必须遵守的宪法之后，看到法兰西王国一半地区的人们都已宣誓，布耶侯爵又非常坦诚地宣誓维护宪法。路易十六似乎认为布耶侯爵是守卫边境的合适人选，就让他接管了洛林的军队。布耶侯爵是那个曾因过分的爱国主义而误入歧途、毫无意义地屠杀了几个团而受到谴责的人，也是因引发南锡的骚乱、引发士兵和市民之间持续几天的混战而受到谴责的人，因为这场混战是为了激怒整个军队，从而使军队仇视国家。他利用自己的重要职位，设计让路易十六退到卢森堡边境。卢森堡受神圣罗马帝国皇帝约瑟夫二世的管辖。在这里，路易十六的军队可以得到德意志军队的支援。布耶侯爵的手段是撤销边防，不在边境的堡垒驻兵，移走军械库的武器和弹药，撤走在法兰西王国服役的外国军队，在法兰西军队中制造分歧，与城市中旧政府的党羽保持通信，以及在边境上建立营地。他这样做就是为了进攻法兰西王国，而他本人还领着法兰西王国发的薪水。蒙梅迪是一个坚固的城市。为了掌握贵族的指挥权，为了使路易十六成为反对人民的政党领袖，路易十六应该前往蒙梅迪。据说，路易十六获得了更安全的撤退方案，目的地是离边境两里格的外国领土内的一个城镇。边境的居民报告了边境的无防备状态及他们目睹的将路易十六送到国外的准备工作，但这些情况没有引起重视。战争大臣路易•勒贝格•杜博泰尔宣称一切都很好，外交大臣蒙莫兰伯爵一再向人们表明欧洲其他王室对法兰西王国的友好。行政机构指挥一切、支配一切，拥有管理国家的最大优势并且很清楚如何利用这些优势。

就在路易十六即将逃跑的时候，贵族们也紧锣密鼓地准备逃跑。所有能筹集到的钱都运出了法兰西王国，每个团的贵族军官都企图腐化士兵，神职人员不知疲倦地在平民家庭中制造纠纷。有几个军官离开了自己的团，路易十六卫兵的指挥官利用自己的权威在军队中宣扬“团队精神”，好让卫兵参与阴谋。很多刚刚获得贵族头衔的人纷纷逃离首都。

路易十六逃跑的消息已经传遍了国外，一些在巴黎的人也得到了这个消息。当路易十六逃往国外的消息不得不公布时，由于害怕人民的愤怒，贵族们纷纷离开自己的城堡并搬空了住所内的东西。那些有爵位的居民要么认为自己的刀剑可以派上用场，匆忙跑到巴黎，要么离开法兰西王国并带走了大量金钱。去国外的过程中，他们力劝朋友们离开法兰西王国。市政当局和拉斐特侯爵接到通知说，路易十六很快就要逃走了。报纸上公布了这一消息，而就在事情发生的前一天晚上，王后玛丽•安托瓦内特本人愉快地对侍卫军官们讲起了路易十六要去国外的事。市政当局和拉斐特侯爵似乎已采取了充分的预防措施来避免路易十六外逃，但他们的预防措施还不够。1789年6月20日晚，路易十六、王后玛丽•安托瓦内特、他们的孩子及路易十六的侍从伊丽莎白夫人都逃走了。这正是一年中最短的夜晚。路易十六的弟弟同样走了。国王一行前往蒙梅迪，而他的弟弟前往蒙斯。

这个消息一传到国外，法兰西王国就地成为无政府和内战的牺牲品。但毫无疑问，如果说有什么东西既伟大又壮观，那一定是从加来到比利牛斯山脉的法兰西王国所展示的场景。加来展示的是惊喜，比利牛斯山脉展示的是平静与安逸。每只眼睛都注视着国民议会，这是一个伟大民族唯一但强大的来源。从来没有哪个国家的尊严像法兰西王国这样庄严，未来也不会有。在巴黎，市民们似乎摆脱了一种沉重的负担，他们不再有国王了。人们欢欣鼓舞到处抹掉国王的肖像。在专制统治时期，人们曾用国王的头衔或王冠来装饰国王的许多军旗。这天晚上，国王的尊严已经荡然无存。国民自卫军在自己的旗帜下集合，并伴随着军乐前往国民议会，以便宣誓效忠国家。巴黎市民纷纷效仿。在整整三个小时的时间里，市民们列队走过议会大厅，举起手来宣誓。

与此同时，国民议会表明它是值得全国人民信任的。它立即向几位大臣下达命令，以便让自己颁布的法律生效。国民议会派信使到各部门，下令逮捕所有离开法兰西王国的人并通报国民议会采取的措施。它要求所有军人与公职人员宣誓效忠国家。在七天七夜值得纪念的活动中，国民议会致力于防止骚乱、鼓励市民，并以冷静和坚定来表明，它能够应对现在的情况。值得注意的是，采取了一切确保法兰西王国安全的措施后，国民议会悄悄地恢复了之前中断的工作，开始讨论刑法的制订。

就这样，在没有国王的情况下，三天过去了。法兰西王国是统一的、强大的、和平的。在整个法兰西王国，两个派别的关系似乎有所改善，全国的军队都有权威的领导。[①]但当人们想到路易十六背弃了他曾经那么多次庄严许下的诺言，逃往国外的时候；当人们想到路易十六将要率领一支外国军队回到法兰西王国的时候；当他们想到邻国的君主只是在等待时机，以便在几个地方同时入侵法兰西王国的时候；当人们想到大批贵族和大领主会追随路易十六，并宣称路易十六阻

① 在一个令人印象深刻的国家。

碍了他们的嗜血计划的时候，人们的愤怒破堤而出，并变得极其可怕。[1]在法兰西王国的一些地方，一些心存不满的人被严格监视，但并没有受到暴力虐待。他们的财富和生命从来没有像现在这样安全过。与此同时，那些被迫逃往国外的法兰西人在梅因兹、科布伦茨、卢森堡、布鲁塞尔、伦敦、德意志、意大利等地取得成功。他们欣喜若狂，坚信惩罚和复仇的时刻已经到来。信使被派往欧洲各个王室，这些流亡国外的法兰西人也正准备与国王会合。

整个国家的安全取决于其领袖的存在，这是君主政府的不方便之处之一。因为只要这个领袖离开了法兰西王国，王国就要沦为内战的牺牲品。王国的命运悬而未决。欧洲焦急地观望着，想看看这场漫长而血腥的悲剧的第一幕将如何拉开。[2]但当路易十六离边境还不到几里格的时候，有几个公民拦住了他，从而挽救了法兰西王国。长期以来，人们常说，法兰西王国的四万个市政机构就是哨兵，这一断言现在得到了证实。当路易十六的车队经过圣马纳霍德时，一个叫让-巴蒂斯特·德鲁埃的驿站站长立刻通知市政当局，说刚刚看到一辆可疑的马车经过。市政当局立刻警觉起来。驿站站长奉命跟随这辆马车。在他看来，车上的人不是别人，正是国王和王后，因为他们的马车由龙骑兵护送[3]。

让-巴蒂斯特·德鲁埃抄了近路，赶在国王前面到达了瓦雷讷，并向瓦雷讷驿站站长通报。当时已经是午夜了，两位驿站站长没有向任何人寻求帮助或惊醒任何人，他们两个来到路易十六马车必经的桥上，打算把桥堵住。幸运的是，他们发现了一辆装满家具的大车，便立刻在桥的入口处推翻了这辆马车。然后，他们去把情况报告给市检察官、市长和国民自卫军司令。尽管有手握军刀的龙骑兵护卫，路易十六还是被八个国民自卫军士兵拦下来。士兵们向龙骑兵喊道，如果他们想把国王带走，就从自己的尸体上踏过去。国民自卫军司令命人运来两门大

① 愤怒到极限。

② 这一长串令人作呕的场景如何展开。

③ 由龙骑兵护送难道不是个大错误吗？人们不该对国王路易十六和王后玛丽·安托瓦内特在瓦雷讷河的坏运气感到惊讶，而是应该对他们没有在离巴黎更近的地方被拦下感到惊讶。——译者注

炮，但没有火药和炮弹。他假装要向龙骑兵开火。胜利已成定局，路易十六成了俘虏。警报声从四处响起，国民自卫军从四面八方赶来了。龙骑兵宣布放弃护送路易十六。布耶侯爵宣布放弃带走路易十六的计划，并逃出了法兰西王国。

在几千名国民自卫军将士的护送下，路易十六返回巴黎。这些国民自卫军将士是在回巴黎途中与路易十六会合的。在瓦雷讷勇敢阻止路易十六出逃的公民陪他回到巴黎。巴黎的武装市民从政府那里借了一些钱来款待国王。有五十万人目睹了路易十六走过的场景，但他们没有责备，没有嘀咕。所有人都沉默了，沉默是人们不满的强烈信号。[①]这天，路易十六一定知道，人民才是君主。他被领到杜伊勒里宫。在这里，国民议会派拉斐特侯爵麾下的一个卫兵来保护路易十六。

国民议会想要对带走路易十六或协助带走路易十六的反国家罪行进行调查，于是下令逮捕路易十六所有随从。这些人接受了审查，路易十六的声明也被接受了。路易十六宣布，他原打算去蒙梅迪，好向全世界证明他是自由的并加强对边境的关注，使法兰西王国免遭外国军队入侵。路易十六说，他想要去每一个需要他去的地方。有几个人相信了路易十六的真诚，没有人能提出他不感兴趣的计划。路易十六的顾问们也不会承认他们让路易十六发动的是反对人民的战争。毫无疑问，欧洲各大国已经收到建议，即利用这个机会入侵并瓜分法兰西王国，而提出这一建议的是来自梅因兹的代表。

国民议会要避免路易十六的外逃给人民带来的不良影响，也要防止人民由此而产生的愤怒，因为国民议会每天都能收到人民愤怒的消息。已经有人大声疾呼，路易十六的话是靠不住的；法兰西人再也不能服从一个已经背叛他们的君主；路易十六应该因抛弃国家而受到审判；路易十六的逃跑几乎引起一场内战。这些人认为，波旁家族会不断为这个被路易十四的名字神化的专制制度感到后悔；路易十四的继任者会永远认为自己是堕落的，心中将永远怨恨，将寻找机会

① 到处都是可怕的沉默。

报仇、压制人民奋斗而来的自由。这些人主张，我们应当利用目前的时机把威胁王国和平的人从法兰西人中剔除；自由与世袭君主制是不相容的；建立摄政委员会是明智的，它应由人民选举产生并对国家负责，同时必须拥有行政权力。

但国民议会不认为法兰西王国有条件进行第二次革命。目前法兰西王国财政混乱、货币匮乏。新的行政机构远未建立起来，税收没有起色，人们都在为这种状况叹息。如果再来一场动乱，法兰西王国的工业就会遭到毁灭。此外，国民议会还颁布法令，宣布法兰西王国是君主制国家。法兰西如此幅员辽阔，在完全共和的政府形式下，国家是不会被削弱的。法兰西国民的面貌千差万别，甚至在语言、风俗、举止上都大不相同。大多数人对新观念如此陌生。他们习惯了国王的存在，由这一习惯而产生了共同的情感。考虑到上述种种，国民议会认为法兰西王国必须继续实行君主政体，大臣们要对新宪法负责，而路易十六是最适合法兰西王国的君主。

除此之外，谁能预见另一场革命的后果呢？国王、贵族和神职人员联合起来，仍然有足够的手段在法兰西王国挑起事端。路易十六被囚禁让他成为令人关注的对象。如果对他提起诉讼，那么他的陈述会得到大批党羽的支持，进而引发内战。在法兰西王国如此虚弱和充满斗争的情况下，波旁家族在国外的亲王们可能会令人们吃惊。平日，尽管他们没有一个人有足够的力量来攻击法兰西王国，但他们现在很容易组成联盟，并可能分裂法兰西王国。摄政委员会的计划唤起了那些自命不凡的人的野心。这一计划可能会在国民议会中造成分裂、分散法兰西王国的注意力、加重已经极其严重的党派分歧。

考虑到上述情况，国民议会最终确信，宪法应该以其制定之初的方式来完成。路易十六是自由民族的国王，应该遵守宪法并满足于王室尊严带给他的特权。路易十六想到了逃跑，但这个国家选择遗忘他的错误。这种宽宏大量绝对称得上伟大。[1]路易十六也可能会被这种宽宏大量影响。[2]经过多次失败的尝试，他最后一定明白，他不可能反对国家的意志，而他的利益在于团结自己的人民。

在法兰西王国恢复和平的过程中，路易十六会祝福自己。他的家族将在没有对手的情况下统治法兰西王国；欧洲的国王们再也没有借口支持他，或者更确切地说，没有借口废黜他；与整个国家联合起来，他将更有能力阻止法兰西王国的解体；他可能预见，有一天，其他君主必须以同样的方式恢复他们的公民至少一部分正当权利，因为革命时代是由命运之手决定的，所以第一个服从命运的君主是有优势的。

因此，国民议会宣布革命完成。这是一种崇高的智慧，只有崇高的权力才能证明这是正当的。国民议会修改了法令，起草了宪法法案并提交给路易十六。这样一来，路易十六就可以自由地选择时间和地点来审查，并决定接受还是拒绝宪法法案。为了阻止这一伟大的目标，反对派已经策划了好几个阴谋。特权阶层的人对事情的转折感到惊恐，因此开始策划惯有的阴谋诡计。路易十六的弟弟们已经结成同盟，仍然坚持自己的计划，即宣布国王没有自由并拒绝承认国王可能实施的宪法法案。一些外国王室为他们提供资金，并允许他们征募士兵。但由于错误估计了法兰西王国外逃人员的数量，这些外国王室发现之前的期望是错误的，也是始料未及的。法兰西王国似乎有了新的社会基础，并恢复了这个民族的青春活力。此时，国内外的各种阴谋诡计正竭尽全力阻挠这一崇高的进程，因为这吓坏了欧洲几乎所有的君主。

但最后路易十六接受了法兰西王国宪法，这一伟大举动决定了革命的命运。当然，法兰西人仍然会感到不安。特权阶层仍将拥有破坏法兰西王国安宁的手段，法兰西人对自由的热情也会引发他人的疑虑。在能够充分运作之前，新组建

---

① 国家应该忘记这一错误。

② 国王可能会受影响。

的权力机构在一段时间内将是不稳定的。[1]法兰西王国的财政也期待着革命带来的革新，期待着经验才能传给他们的那种简单而惯常的过程。外国王室可能会承认或否认法兰西王国的宪法，这取决于它们的政治观点会带来希望还是绝望。但法兰西大革命以其内在的强大[2]抵挡了一切攻击，因为它是时代的、自然的、理性的、充满力量的。

总有一天，人们能够根据更加具体的情况描绘出使这个国家感兴趣的事件，当然这需要大家的共同努力。目前，人们的目的仅仅是在革命发生后描述法兰西大革命，并把它当作一场战争来描述。在法兰西王国向欧洲展示的这种惊人的景象中，一般的观察者只是看到人们的残酷斗争及激烈的对抗。但每个国家的开明人士都很容易认识到，法兰西王国的革命是整个人类的事业，所以他们热切地期待着这场对抗的最终结果。在那些只有一个君主、一种观点、一种法律和一本书的国家里，人类可能很长一段时间内都在退化，因为专制主义给国家勒上了缰绳，把人们置于枷锁之下，让理性永无进步。在这些国家中，改变意见是一种罪行，因为违背了君主的意志、违反了法律。但在有大量书籍和广泛学习的国家里，人们不知不觉地从无知及比无知更糟糕的错误中解脱出来，以便确知真理，因为理性是可以一直进步的。在这样的国家，改变观念是一种美德，因为它实际上是在摆脱错误的枷锁；在这样的国家，思想的专制者是最坏的人，他们被视为人类的敌人，试图阻碍人类的进步。只要这些人统治人类，人类就会退化。

因此，法兰西大革命是知识启蒙的结果，这种知识启蒙已经渗透到这个王国的每一个阶层，影响程度甚至超过了受其启蒙的其他国家。当人们开始思考时，革命就开始了。三代君主[3]统治的不当让革命的时机成熟，特权阶级的反对加速了革命进程，而法兰西人的激进又促使革命完成。当弗朗西斯•培根开始第一

---

① 立法工作不稳定。

② 靠她自己。

③ 指路易十四、路易十五与路易十六。——译者注

次实验，当米歇尔·德·蒙田开始怀疑，当皮埃尔·培尔成为哲学的倡导者，他们就是在为法兰西大革命作准备。[①]但理性之光属于每一个国家、每一块土地。今天，任何有权势的政治团体都不能阻碍或延缓理性的发展。因此，理性将以深思熟虑和智慧继续让革命走向成熟，却不是用强制的方式。当法兰西王国完成现在的痛苦斗争时，欧洲各国不会无动于衷地看到这一维系整个世界命运的壮举完成。

① 最后两位怀疑或进行哲学思考的动机并不总是好的。

第 6 章

关于法兰西大革命的政治反思

在撰写法兰西大革命史时，我做了一些反思。这些反思是后来想到的，篇幅也不短，所以没有放到正文中。特从中选择部分，附在此版，以求简单、概括地作一呈现。

一

人类的所有革命，不管是基于人、物，还是基于某种观念，都是鲜血凝聚而成的。

基于人而爆发的革命就是国家为这样或那样的君主而战。就这一类革命而言，如果二十个国家为了本国的二十个君主而反对一个君主，那么这种革命就是由征服者引发的。

基于物而爆发的革命是指一个国家放弃了自己的国家而去侵略别国。这种革命有两场非常出名：一种是彼此相距不远的北方国家不时入侵欧洲和亚洲，这是没有房屋的国家对有房屋的国家发起的革命；另一种是在发现美洲和好望角之后，欧洲人来到东印度和西印度群岛，这是一场没有黄金、香料和棉布的国家对有黄金、香料和棉布的国家发起的战争。

而当一种长期确立的观念被推翻，另一种观念接替它时，基于观念的革命就爆发了。这种革命可以是局部的，也可以是普遍的。普遍的观念是指那些影响大部分人类的革命。

二

就基于观念的革命而言，我们可以举三个非常明显的例子。

第一个就是人们从崇拜萨比教[①]、崇拜天体过渡到多神论，也就是崇拜某些作为天体化身的神，并进一步扩展到已知的世界。我们能依稀记起这类革命，但对它的历史知之甚少。第二种是由多神论向基督教的过渡，这一种革命只不过是揭示了某些神秘或真理，而这些真理之前一直不为世俗所知。第三种发生在阿拉伯和非洲，是从偶像崇拜过渡到穆罕默德有神论。这两种有神论争论了六百年，最后世界被它们分成了两部分，平分秋色。

三

由一种观念转变为另一种观念引起的革命总是血腥的，因为靠旧观念生存的人会阻止新观念的诞生。而且这不仅仅是观念的冲突，而是一场人的战争：学者、国王、各民族、执政官都匆忙参战，直到新的观念取得胜利。

四

现代欧洲经历了两个观念转变的伟大时代。蛮族入侵毁灭了罗马帝国，征服者的无知和被征服者信奉的宗教可怕地结合起来，催生了迷信。实际上，迷信

① 俗称拜星教，是古代中东的一种宗教。该教的信徒崇拜施洗约翰，但认为耶稣、亚伯拉罕和摩西是假先知。——译者注

只不过是无知的宗教。查理曼之后，法兰克王国不断分裂，产生了封建，但封建只不过是对王国的细分。

迷信和封建制度是不是永恒的必要制度，这是当今困扰法兰西王国的问题，也必将困扰欧洲其他地区。

五

迷信，或者更确切地说上述迷信，一旦催生它的无知与时代的野蛮结束，它就会随之结束。无知就像黑夜，必须给白昼让路。迷信生于黑暗中，它的发展伴随着对黑暗的恐惧。当半兽人、妖怪、幽灵和可怕的野兽占领大地，恐吓或吞噬人类时，迷信是不祥的、令人恐惧的。黎明到来时，迷信就消失了。当我们可以分辨出在黑暗中恐吓我们的东西，野兽也会跑到森林中躲起来。

六

人民已经抬头挺胸：拥有领地的国王仅仅是享受某些特权的人；封建制度由于过分细化而不具有一致性；贵族头衔（或者被出售，或者被赠予小贵族）不再受到尊重；看到贵族头衔可以用钱购买时，人们就不再把贵族看作特殊的阶层；商业发展、生活富裕使平民与贵族平起平坐；文人、智者和贵族生活在一起，展现自己的特长；封建国家到处是学院、大学、教授、学者、诗人、杰出的艺术家、有钱的商人及许多和蔼可亲、彬彬有礼、多才多艺、总是想和贵族平起平坐的“无赖”。[①]这些都标志着封建制度的结束，于是，与封建制度有关的观念随之消亡。

① 这么多和蔼、礼貌、受过教育的坏蛋。

七

一种观念一旦消失，就不会复活；我们转向另一个观念。大炮、军刀、掠夺他人的士兵、骷髅轻骑兵[①]，这些都不重要。群众对贵族说的就像上帝对朱庇特说的那样：你脾气不好，所以你是错的。

八

人们常会发问，如果两种被抛弃的观念联合起来，它们是否也无法恢复往日的尊严？是的，因为同一个启蒙智慧会压制这两种观念，所以这两种观念不可能构成一个整体。

九

自然的制度是永恒存续的，就算中断，也会重新出现，就像河在地下流了一段时间后会在几里格内涌上地面，继续在阳光下前进一样。违背自然的制度产生、发展、压迫人民、被人民厌恶或厌倦，然后人民把它们抛掉。现在，封建制度的这种不切实际就是违背自然的。沙漠中的隐士消失了；游侠骑士[②]不复存在了；圣殿骑士[③]、耶稣会信徒、各种肤色的修道士和修女都消失了。那么封建制度随之消灭是什么奇怪的事吗？

① 早期因普鲁士军队组建的轻骑兵团佩戴骷髅徽章而得名。1792年，法兰西大革命期间，国民议会组建一支骷髅轻骑兵团，其口号为“不自由，毋宁死”。——译者注

② 欧洲中世纪文学作品中的人物形象，代表冒险精神。——译者注

③ 圣殿骑士团的成员。圣殿骑士团创立于第一次十字军东征之后，主要由信奉天主教的法兰西骑士组成。——译者注

十

著名的十字军东征给欧洲带来了艺术和科学，赋予市民选举权和农民自由，这是对贵族的第一次打击。据说，为了取得最后的胜利，西欧的封建领主和骑士正在准备再次十字军东征。

十一

18世纪为人类思想的重大改变铺平了道路，也为一场革命铺平了道路，这场革命率先在美国和法兰西王国开始了。革命在美国几乎没有遇到什么障碍，因为它是个新国家，没有邻居，没有偏见，没有那些崇拜旧观念的传统。人们是在几乎平等的条件下来到美国。出于相互间的需要，他们愿意接近彼此。旧社会中的偏见在新社会中不复存在，美国在精神上和物质上都进入了一个新世界。这可以解释为什么法兰西王国的情况正好相反。

十二

法兰西王国只是开始了革命，但没有进行实质的革命。

十三

目前的观念变化完全是基于这两个词：平等和自由。但迄今为止，政治观念是建立在另外两个原则之上的，即权利不平等和奴役。在向平等和自由观念转变的过程中，一些人出于自身利益或偏见，坚持旧观念。这样的人在已经启蒙的国家占四分之三，而在未启蒙的国家占了百分之百。回想一下那位亚洲君主，当一位威尼斯人告诉他自己的国家是没有国王统治的时候，他几乎要笑出声来了。欧洲的一半国家几乎没有更多的反思。

十四

革命时代始于18世纪末，与《人权宣言》紧密相连。即使宪法的其他部分都被废除，《人权宣言》也会被保留。《人权宣言》不管被时间洪流淹没多少次，都会在某个地方再次出现。美国顺利颁布了《人权宣言》，因为那里没有国王、没有神父、没有贵族攻击。但当《人权宣言》越过海洋，造访古老的欧洲大陆，来到人口密集的城市时，当《人权宣言》试图在处处是教堂、修道院、高塔、堡垒的王国站稳脚跟时，只有妇女和平民表示支持，因此它必然遭到最鲁莽的侮辱。

十五

《人权宣言》拥有信条，就像基督教拥有信条一样。“这个世界的理念是这样的：因为《人权宣言》惠及逆来顺受、地位低下的人，所以它是愚蠢的、疯狂的，应该被压制。”值得注意的是，《人权宣言》的信条就是宣示权利，这是它的独特之处。很长一段时间以来，这一奥秘被隐藏了起来，因为它反对神职人员和贵族。

十六

不管《人权宣言》引起的战争多么残酷，都不应归罪于那些宣布《人权宣言》的人：他们应首先抱怨印刷术的发明。舆论的洪流滔滔不绝，因为它被无数的溪流冲涨，并引导一代代的人。

十七

基督徒长期隐藏自己的信条，直到他们认为自己强大了才会将其公开。《人权宣言》的信条被托付给一个以轻率和轻浮著称的国家，这个国家把自己知道的都说了出来。这就是我们有理由抱怨的一切，但《人权宣言》会在适当的时候重新出现，这一点就像天文学家预言彗星会再次出现一样。

十八

18世纪和19世纪的大争论是，国家属于国王，还是国王属于国家；权力机构的建立是为了满足统治者，还是为了被统治者的幸福。

十九

长期以来，人们一直对以上争论意见不一。他们一方是有新思想的人，另一方是支持王权的人。[①]最初，支持王权的人占上风，就像公认的那样，他们全力为自己辩护。辩论异常激烈，并促使革命成熟。

二十

国民的缺点在于无知，在于分散，在于语言、风俗、法律和礼仪的多样性，在于民族仇恨的愚蠢。国王拥有军队，拥有国家的全部财富，拥有权力的优势。国王都说同一种语言，他们互派使者、密探，互相通信，互订条约，他们拥有敏捷

① 保皇派。

的思维、协调的行动和执行力，人人都知道欧洲的国王皆亲戚。

二十一

一般说来，新的真理至少需要三十年的时间才能在一个人数众多的民族中站住脚，但前提是这个民族必须是冷静的、理性的。新的真理还没来得及在每个人的耳朵里回响几次，还没来得及唤醒懒惰的人，还没来得及惊醒倦怠的人，还没来得及改变固执的人、迷信的人，还没来得及有揭露虚伪的人，这一代人就已经逝去了。但在非凡的时刻，当两种观念相互碰撞时，真理的呼声最大、最有力，从而可以迅速传播。碰撞会加强真理的力量，激情会加速真理的传播。在这种时刻，一年的革命比其他时期一个世纪的革命更加有效。

二十二

真理从不孤单前行，而是伴随着一系列事件和冲突。我们都知道，冲突会带来新的火光，从黑暗的深渊中唤起人们本来不应该这么快就想到的真理。因此，真理的敌人被真理的支持者打败，进而溃逃。

二十三

欧洲所有君主可能联合起来反对《人权宣言》，但在经历数次炮击之后，当这些君主消灭了三四十万人、摧毁了二十多个国家时，“人们在权利方面生而自由平等，并且国家保留着自己的主权”。君主的固执可能会让其他真理现世，若不是那些大公发怒，人们绝对不会想到这些真理。

二十四

毫无疑问，给君主们提建议是毫无用处的。第一，因为他们不会有我这样的反思；第二，因为“团队精神”的本性就是什么也不去了解，总是一头扎进自己喜欢的那条路上。但此处的反思还是有用的，因为总有人会读到它。

二十五

毁灭人类是君主统治阴暗的附加职能，但君主不能扼杀思想。君主们无法走回头路，因为在对人类进行惊人的杀戮后，在英雄们完成了那么多可怕的屠杀后，无论国王、刽子手或者祭司都不能使我们忘记我们曾经想过的话，或者收回我们说过的话。那么，对君主来说，压制真理、设立审判法庭、停止欧洲所有印刷出版、使英国等自由国家保持沉默、灭亡美国是必要的。因此，这场反对理性的战争就像许多其他战争一样，完全是一种疯狂，最终以战争发起者引火烧身而结束。善良的让•德•拉封丹说：那就选它吧。

让 · 德 · 拉封丹

二十六

据说，连续两年来，有三十万德意志人、五万俄罗斯人、一万瑞典人、两万瑞士人、三万意大利人和三万西班牙人在春天加入反法同盟，以准备杀死法兰西人，屠杀法兰西人的妻儿，烧毁法兰西王国的城镇和庄稼，对法兰西王国发动一场残酷的战争，这一切都因为法兰西人已经宣布四海之内皆兄弟，不愿对任何人发动战争。这种疯狂会让人信服吗?

二十七

现在举行三级会议的瑞典人会说什么?波兰人已经按照自己的意愿制定了宪法，我们难道要派四十万士兵侵入波兰，惩罚他们按照自己的意愿而不是我们的意愿制定宪法吗?届时，人们会说，法兰西王国是一个由傻瓜、野蛮人、疯子组成的国家，一个再也不配在地球上存在的国家。

二十八

松散的各国第一次通过社会纽带联合起来，听到以上天的名义宣布的文明法律时，听到比在法兰西王国重建时以法兰西王国的名义宣布的真理更崇高的真理时，是不是会更高兴呢?这些真理的内容是:

> 为了给自己立法而联系在一起的人，你们都有了一项平等的权利:在广大人民中，哪怕是最微不足道的人也应该享有被保护的权利。所有特权都被废除。你们的财产会得到保护，因为是你们的劳动创造了这些财产，任何鲁莽的人都不能打它的主意。你们在思想、观

点、行动、话语、著作、商业等方面都是自由的，在自己的住宅、城市、乡村，你们都可以自由行动。法律对你们的要求就是不要伤害任何人，就像希望别人不伤害你们一样。让我们监督彼此，让每个人都被置于其他人的保护之下。你们可以被选择或者选择他人来特别关注自身的安全。

你们有必要制定法律来维护你们的权利，以防止任何人试图侵犯你们的权利。不过，这些法律必须代表你们的意志。个人是无法赋予你们这些权利的，为你们立法的人应该是由你们自己选择的人，因为个人可能更注重自己的利益而不是别人的利益。但你们仍有自主权，当法律不再适合你们的情况时，你们有权修改它们。因此，你们应该永远有代表，但永远不应该有统治者。

你们的付出应该是一样的，每个人都要为立法做出贡献。每个人都要根据财产按比例选举代表，并且由自己选出的人做出评估。虽然你们制订的法律和你们选择的执法官保护你们的安全，但如果你们任何一个人受到不公正的待遇，都可以向权力当局申诉，因为你有自由、宁静和快乐的权利。

同胞们，请记住，你们与整个人类是息息相关的。要尊重邻国的权利，就像你们希望邻国人民尊重你们的权利一样。不要因征服而发动战争，但当你们受到攻击时，要勇敢地保卫自己，因为你们的事业是正义的。

如果有一天，历史告诉后人，智者还没来得及说出这些真理，四周的邻国就要攻打、毁灭，那后人会怎样看待这样一个野蛮的时代呢？但历史是不会这样说的，它会追溯闻名却无效的国王联盟，而这个联盟不是国家联盟。

二十九

有时听人说，法兰西人应该满足于为自己的国家制定原则，而不是将其传播到其他国家。但如果法兰西王国的原则具有普适性，从而适用于所有时代和所有国家，那这种传播真的是法兰西王国的过错吗？不是。这难道不是恰恰印证了法兰西王国原则的卓越吗？因为这些原则不受任何时代、偏见和思潮的影响。说这些话的人是不是要把这些意见恶意地强加到国王们和伟人们身上？还有谁会愚蠢到因为会影响别人而对重建自己破碎的家园犹豫不决的呢？如果整个欧洲都懂法语，那该怪法兰西人吗？法兰西人是否应该因为害怕被倾听、模仿而严格保持沉默，或者说一种与他们自己的语言不同的语言呢？

三十

法兰西王国宪法是建立在最健全的道德原则之上的，是建立在正义之上的，因为它希望任何人都已所不欲，勿施于人；法兰西王国宪法是建立在平等之上的，人人皆为人人，法兰西王国宪法是建立在普遍的仁慈之上的，因为它希望法兰西人把所有其他国家当作自己的兄弟，把人类视为一个大家庭。这就是《人权宣言》。然而，欧洲已经出现了强烈的抗议，反对法兰西王国及其宪法。有人宣称，法兰西王国企图推翻一切。这就等于说，欧洲处于野蛮和道德沦丧的状态。但情况并非如此。理性之敌、美德之敌和自由之敌所谋划的进攻很可能激发最强烈的光明，因为光明的时代已经到来。

三十一

法兰西人犯下了所谓的“滔天大罪”：他们改变了政治的面貌。法兰西人坚定地宣称，战争只能是防御性的；应该向那些不常经历流血牺牲的人民咨询；打仗不是为了给君主攫取财富，而是为了被君主蹂躏的人民；人民的利益应该是每一个条约签订的基础；内阁的政策应该是坦率、诚实的，不能有卑劣的间谍行为；而到目前为止，条约只不过是人类的市场，投机商在这个市场上盘算有多少人要被宰杀，有多少人要被养肥。政治家们一致反对上述罪恶的箴言。整个外交使团对上述想法都不寒而栗，他们发誓这要牺牲几十万人的生命：肯定会有流血、疑虑。但理性会像伽利略一样说："但它还是这样转动。"[①]

三十二

现在准备的战争必然是国王军队的孤注一掷。

三十三

重要的观念终结时，建立在这些观念基础上的重要君主总是处于一种错乱的状态，总是以为鉴往知来。按照这些重要君主的看法，过去已经存在的事情就应该继续存在下去。这种盲目性是促成这些重要君主衰落的必要因素之一，因为知道怎样把脚放在悬崖边上的人，就不会从悬崖上掉下去。但如果被推的是傻瓜，他就会掉下去。

三十四

有些英格兰人对法兰西人说：你们的革命不能持久，因为你们没有领袖；你

① 众所周知，伽利略因断言地球围绕太阳运转而被宗教裁判所判罚。

们没有高人一等的人。我们有一个奥利弗·克伦威尔，一个托马斯·费尔法克斯，这两个人决定了我们岛国革命的命运。但他们的错误在于，他们把为人而进行的革命和为观念而进行的革命混为一谈。为观念而进行的革命是由整个社会发起的，所有人都是领导者，[①]所有人都是制度制订者，因为所有人都关心革命。这样的革命不在于恢复一个人的权利，而在于恢复所有人的权利。在这种情况下，即使有一个首领、一个英雄，也不过是为一个人而革命而已。

革命也许可以由一个人来终结，但必须由所有人发起。

三十五

欧洲只有三巨头坚决希望战争，而这三巨头恰恰是最没有权利进行战争的国家。至于第四个君主，我并不把他当回事，因为他已不是什么大人物了。

三十六

如果法兰西王国没有盟友，这对法兰西王国和欧洲其他国家来说都是幸运的，因为这可以使它们免于一场全面战争。那些想损害自由事业的人，想阻止法兰西王国与其他国家结盟的人，或者想要分解它们假意强化的联盟的人，甚至推动了自由事业的发展。自由原则的产生是纯粹的、不带一丝杂质的。

那些基本的理念和原则就像水一样，总能找到它的水平面：我们阻住它的流动，用堤挡住它，排干它，但它仍然会在某个地方聚集。

① 再糟糕不过了。

三十七

总的来说，王室的顾问们给出的建议很糟糕。他们本应说服王室为国家结盟，而不是为国王结盟。他们对路易十六说：一个是你的姐夫①，另一个是你的堂兄②，他们会支持你的。——事实确是如此，但他们要反对谁呢？因为在法兰西王国，我看到的除了国王，就是国家。

三十八

《1756年家族盟约》是在杜伊勒里宫撕毁的。

三十九

他们想采取恶毒的策略来剥夺法兰西王国的盟友。结果会怎样呢？法兰西王国要么自由选择，要么耐心、不骄不躁地等待，直到其他人来寻求与法兰西王国结盟。

四十

一个国家的结盟应该建立在利益之上。结盟应该被自由、公开地讨论。结盟者应秉持自由原则、拥有兄弟情谊并具备庄严的性质，这样一来，缔约国的人民才能真诚地团结在一起。与之相比，国王间的结盟多么冷淡啊！这种结盟没有多少确定性，也没有持久性！因为我们看到，内阁总是为自己保留打破或挫败这种

① 神圣罗马帝国皇帝约瑟夫二世。——译者注
② 西班牙国王卡洛斯四世。——译者注

联盟的手段。君主之间的约定是为了个人利益，而不是国家利益。

四十一

战争是欧洲的常态，和平条约不过是休战；我们放下武器仅仅是因为我们厌倦了战斗，我们还会再拿起武器。法兰西王国是为了战争状态而建立的，这就是著名的政治平衡。条约、联盟和保证书之间的关系错综复杂。因此，它们要么不可行，要么毫无效力。那些受别人影响、被迫表现出的态度是不可能持久的。大国仍将试图吞并小国，但它们征服的步伐标志着欧洲自由时代的到来。

四十二

顺便说一下，对欧洲所有印刷机实施禁运[①]是一次奇特的统一行动。不久的将来，你将可以花二十五苏买一个印刷机。那时，你雇一个排字工即可，而不是秘书。那时，购买打印机将和购买写字台一样自由。

四十三

法兰西王国出现了一个可以从现在飞速跨越到未来的人。这个人宣布，所有国家是时候团结起来了，国家之间的憎恨是时候终止了。这个人预言，人类将实现共和。他骄傲地自称为人类的大使，并断言地球上所有国家都是他的委托人。他已经预见到，从美国传到法兰西王国的《人权宣言》总有一天会成为人类的社会神学和那些通常称为“民族”的人类家庭的道德。他是一个普鲁士人、一个贵

① 限制。

族，现在他成了一个普通的人。有人说他是个有远见的人。他用一个哲学家的话回答说：“你可以把世人公认的错误格言编成一本书。在这本书中，你就靠几条原则过活，很少有人会想到有所增添。有谁会飞得很高并敢于超越这些原则的限制吗？如果这样的话，全世界都会警觉起来，这样的人会被视为危险人物。至少，人们会认为他是古怪的。”

四十四

当西班牙探险者发现美洲时，他们没有想到人类会在这些地区恢复自己的权利。当狂热的土耳其军队占领君士坦丁堡时，他们没想到欧洲会从君士坦丁堡获得知识的启蒙，而这种启蒙使十字军东征变得荒谬可笑。当教皇利奥十世在罗马建起第一座剧院时，他没有想到这个舞台会给哲学新生。当教皇们资助印刷术时，他们从未想过自己的权力会因此而毁灭。当阿拉伯人驱逐那些认为只存在一个神的赶骆驼者时，他们没有想到穆罕默德从麦加逃亡会成为历史上最

教皇利奥十世

值得纪念的时代之一。——真理就像自然界的蓓蕾，在难以察觉之处孕育着无穷无尽的新芽。

四十五

欧洲的平衡是文明的开端，对人类来讲，这是一段粗鲁的历史。蛮族破坏自然，然后定居，之后互相争斗。接着，强大的国王出现了，战争更加系统化，接着就出现了正规军和大使，由此产生了外交学和势力均衡。简言之，这就是14世纪的历史。有人敢说人类的思想就到此为止吗？

四十六

国家之于国家，就如同人之于人，彼此之间都有权利和义务。国家的权利宣言和人类的人权宣言相同：自由、安全、财产、平等和反抗压迫，这是公共权利。尽管不成熟，但这确实是真理。法兰西王国已经制定了一部民族的宪法，总有一天各国将根据相同的原则制定宪法。

谁认为国家和政府应该具备不同于个人的道德体系，谁就是在诽谤人性，就是无知、愚蠢。

四十七

人类的思想可以不断进步，既然如此，人类为什么要否定自己改进政治制度的能力呢？值得注意的是，西方有文字记载的人类历史可以追溯三千年，也就是不到一百代人的时间；从查理曼的统治算起，欧洲文明已经存在了一千年，也就是三十代人的时间。文艺复兴能追溯到二百五十年前；哲学的诞生不到五十年。理性发展缓慢，并且步调不平衡，就像一个人前进得很慢，同时常常发现自己被一大群人阻拦。因此，不要说人类的理性已经发展到极限。

四十八

如果法兰西王国希望假惺假意地处理那些拥有财产的亲王们，政府就应保留自己的这项权利，因为亲王们认为，与邻国的亲王相比，自己一点儿也不幸福。他们的领地会很快被遗弃，他们也必然要卖掉这些领地：一个酷爱政治诡计的内阁是不会不利用这种情况的。但法兰西王国是坦率的，不要任何花招。它公平补偿了这些亲王。如果灵魂的伟大是一种过失，那么法兰西王国就犯了这种过失，并且我们知道，这不是法兰西王国唯一的过失。但宽宏大量将成为法兰西人的美德：法兰西王国将战胜一切，甚至战胜以政策名义伪装起来的外交诡计。

四十九

《威斯特伐利亚条约》中写道：

> 经选帝侯、诸侯和神圣罗马帝国各王国的同意，以及基于他们的意向，同意神圣罗马帝国割让给法兰西王国的阿尔萨斯从今以后遵守法兰西王国的法律，接受法兰西王国的管辖。神圣罗马帝国、奥地利王室或任何其他势力均不得违背上述规定；法兰西王国对阿尔萨斯拥有完全独立的主权、财产权和控制权；神圣罗马帝国永远放弃在阿尔萨斯拥有的一切权利和主张；以上领地和相关权利也不再为神圣罗马帝国所有。

看到这些，法兰西人以为阿尔萨斯的主权是属于法兰西王国的。但在《威斯特伐利亚条约》第四十八条的基础上，神圣罗马皇帝对某些领主提出一项要求，这种要求基于矛盾性的诡辩，既主张法兰西王国是主权国家，又保留了神圣罗马帝国对法兰西王国的控制。人们会为这种令人遗憾的含糊其词而战！国王们会像神学家一样，仅仅为了谜一样的东西而让人们厮杀！各国会为了支持自己的君主而自相残杀！一个重要条约的某些条款带有不诚实的含糊其词及外交式的言辞，这违背了条约的精神，会让整个欧洲燃起战火！世界的君主们，如果是上帝赋予你们统治和管理这个世界的权力，那么他赋予你们权力的目的是让你们管辖的疆域沾染鲜血吗？如果你是国家的统治者，难道你统治国家的目的是屠戮它吗？

五十

如果阿尔萨斯是法兰西王国的领地，法兰西王国就有权管理它。如果法兰西王国无权管理阿尔萨斯，阿尔萨斯就不是法兰西王国的领地。

五十一

欧洲存在一种精神上的封建制度。这个精神体系中至高无上的君主是一个高高在上甚至神化的人物。这个人拥有至高无上的所有权，统治着低其一等的人。这些低其一等的人也管理着其他精神上的依附者。平民都是附属于这种精神制度的俗人。这些附属者宣誓绝对服从，主要表现在牺牲了自己的思想。领主们享有高于灵魂的司法权，教堂就是他们的城堡，镀金的十字架是他们的风向标，神圣的旗帜是他们的旗号。从某种程度上讲，这种精神秩序在过去具有惊人的现世权力。

五十二

人们还没来得及发现自己有灵魂就被别人控制了，这就是精神管辖的起源。思想的土地是广袤肥沃的。其上可以生产玉米、酒、油、银、金及一切能使生活愉快的东西。

五十三

德意志有一些权贵坚持认为法兰西王国的某些平民灵魂应该效忠他们，他们非常希望法兰西王国的思想跨越莱茵河，向德意志的思想屈服。这种抽象或深奥的自负在12世纪引发了激烈的战争。

五十四

国王们想要发动战争的时候，为什么不诚实地表达自己的意图呢？为什么非要找不必要的借口呢？为什么大臣们像律师一样行事？对于那些读过《公报》的人来说，这是一场光荣的战斗，而对于全世界来说，这是一场人类的君主和上帝的代表绞尽脑汁来粉饰谎言的战斗。大声说出来吧，说实话吧：在法兰西王国，国王、神职人员和贵族发起的战争是反对人民的战争。

五十五

一个民族是怎样同时摆脱这三个束缚的呢？答案是，这个民族敢于这样做。那它是如何做到的呢？答案是，因为它有五十万消息灵通的公民。尽管印刷术的存在可以解释这一点，但这种现象还是令人震惊。

五十六

从今以后，法兰西王国的整体政策就在于传播知识和出版自由了。掌握知识的人将成为下一代的立法者，法兰西王国的第一批学校将成为人类的学校。

五十七

幸运的是那些为了增加收入而扩张领土的政府并非总能找到可以征服的国家，这有利于人类的利益。征服他国要耗费人力和物力，并且常常血本无归。因此，这些政府会把注意力转向其他方面，并将发展商业作为其主要目的，因为商业贸易既能增加当事人的财富，也能增加君主的财富。在现代内阁中，对商业的喜好被归因于政策，仿佛商业的存在不是出于贪婪，而是出于其他原因！但商业活动至少能把人们聚在一起，并潜移默化地消除偏见；商业活动开阔了人们的视野、削弱了民族仇恨；商业活动通过那些对各国来讲都很珍贵的纽带把各国团结起来；商业活动让世界变得人性化，人为的需求让国家之间的关系变得更加紧密，就像真正的需求促成了最早的社会一样。

五十八

一切都在向我们宣告，被称为“战争”的国家愚蠢行为终将结束。原始部落的那种迁徙已经大大缓和了；娱乐、制造和艺术的需要让各个民族定居下来；个人可以到处迁徙，但国家固定了下来，冲突只在小范围内发生；商人们都怕激烈的冲突，因为这种冲突会扰乱并终止他们的投机活动，将贸易进程导向别处。我承认，对于娱乐、制造和艺术的这种需要受到了狂热征服者的阻碍。这些狂热的征服者想要夺取其他国家的岛屿、港口和殖民地，以控制它们的商业，就像强者会取代弱者一样。但这一结果印证了人们需要娱乐、制造业与艺术，因为征服者掠夺的目的是贸易、享受与宁静生活。因此，我们发现，与野蛮无知的国家相比，文明国家之间的战争要少一些血腥，相互进攻要更加礼貌。英雄们在战前会先敬礼，敌军的士兵在战斗前会互相拜访。在被召唤参加战斗之前，他们会坐在一起吃完饭。[①]他们不再是互相进攻的国家甚至是国王，而是受雇打仗的军队和士兵：这是一种游戏。在游戏中，他们为赌注，而不是他们在这个世界上拥有的一切而战。总之，战争在过去是一种疯狂的行为，在现在只是一种愚蠢的行为。

五十九

我们只是百姓，却要为战争付出财产和鲜血的代价。因此，我们会不断地告诉国王们，战争只对他们有利；战争只是亲王们的娱乐，只会给发动战争的人带来快乐；真正公平的征服应该是宽慰农民、促进农业发展、促进人类繁衍、促进其他方面的生产，让所有人感到舒适；而现在，国王们赋予自己上帝的形象，他们一直引发新的事件。如果国王们继续让我们彼此战斗、互相残杀，我们就会不断著述、呐喊，直到各个国家停止这一愚蠢的行为。如果国王们依旧固执己见，我们就会走上战场，以死尸遍野、血流满地的代价书写我们的诉求，五万寡妇和十万孤儿将递交我们的诉求。

六十

如果国王不再鼓动国家之间相互攻击，那么国家之间存在的愚蠢仇恨将会

① 游戏前。

消失，因为目前来讲，国家稳定且富足。

六十一

人们可以精确地盘算理性的发展。

六十二

如果法兰西强健的体魄能承受住革命的冲击，我们就不会再看到受革命影响如此之小的强大军队。世界将效仿法兰西王国，并且不管从哪个方面来看，法兰西大革命将保护人类免于流血冲突，有助于保护和完善人类。即使是国王们也会惊讶地发现自己变得更强大、更富有，因为他们不再需要从犁地中征召二十万年轻人，不需要牺牲人民和子孙后代。

六十三

法兰西大革命史是一部预言史。

附录　纪事表

1789年5月

5月4日，参加三级会议的代表前往凡尔赛。

5月5日，三级会议在凡尔赛召开。

5月6日，第三等级的会议召开，另外两个等级的代表分别在自己的会场召开会议。各等级分别审查了代表的资格。第三等级要求与另外两个等级一同开会。

5月7日，国王路易十六否定了米拉波伯爵呈递的一份报纸。

5月8日，神职人员和贵族代表考虑三个等级联合开会的问题。

5月9日，第三等级等待另外两个等级的答复。

5月10日，代表们觐见国王路易十六。

5月11日，第三等级就代表资格问题提起控诉。

5月13日，神职人员提名调解代表。

5月14日，贵族们继续审查代表的权力。

5月15日，阻止各项动议发表在期刊上。

5月18日，提名各级调解代表。

5月19日，国王路易十六允许在报纸上发表三级会议的议事记录。

5月20日，神职人员放弃了自己的财政特权。

5月22日，为了更好地审查文件，神职人员将自己的会议室分成了几个隔间。

5月23日，三个等级的调解代表会议举行。贵族们放弃了自己的财政特权。

5月24日，新到的代表觐见国王路易十六。

5月25日，三个等级的调解代表召开第二次会议。

5月26日，调解代表会议发出报道。

5月27日，第三等级再次要求与神职人员联合。

5月28日，国王路易十六要求各等级代表在掌玺大臣拉穆瓦尼翁·德·马勒泽布和国王代表的见证下联合起来。

5月29日，第三等级要求代表们口头拟一项草案并签字，遭到代表们拒绝。

5月30日，各等级代表再次联合。

1789年6月

6月1日，皮埃尔·德·埃利被提名为第三等级议会的议长。记录第三等级会议情况。

6月3日，皮埃尔·德·埃利递交了辞呈。让·西尔万·贝利被提名接任皮埃尔·德·埃利的议长职位。调解代表会议召开。

6月4日，调解代表会议发出报告，会议继续进行，但中间被国王路易十六打断。王太子路易·约瑟夫死于默东。

6月5日，1789年6月4日晚的会议报告出炉。

6月6日，第三等级代表面见路易十六。路易十六答复代表的意见。

6月7日，第三等级的会议室隔成了二十个隔间。

6月9日，神职人员命令其代表在会议口头草案上签字。

6月10日，伊曼纽尔·约瑟夫·西埃耶建议再次尝试联合三个等级开会并成立立法机构。

6月12日，第三等级最后一次要求另外两个等级一起开会。

6月13日，神职人员和贵族认真考虑第三等级的要求。神职人员要求各地方长官临时行使自己的权力。作为神职人员的一部分，三名来自波托的助理神父放弃了特权。

6月14日，六位助理神父加入第三等级的阵营。

6月15日，又一位助理神父加入了第三等级的阵营。贵族们在路易十六面前陈述自己的议事程序，并将自己的动机告知第三等级。

6月16日，伊曼纽尔•约瑟夫•西埃耶建议第三等级成立国民议会。

6月17日，第三等级单独成立国民议会。

6月19日，大多数神职人员投票赞成联合开会。

6月20日，国民议会的会议大厅暂时封闭。第三等级代表前往网球场。他们宣誓在为法兰西王国制定宪法前绝不解散。

6月21日，贵族派代表团觐见国王路易十六。

6月22日，路易十六原定今天与国民议会代表会面，但推迟到第二天。第三等级的代表聚集在圣路易教堂。

6月23日，路易十六会见国民议会的代表，否定了第三等级的要求，然后离开。第三等级代表坚持执行自己的决定，并宣布人身不可侵犯。米拉波伯爵说出了那句对会议组织者著名的回应。

6月24日，国民议会继续开会，多数神职人员宣布支持国民议会。

6月25日，九名神职人员和七名贵族加入国民议会。

6月26日，贵族派代表团前往国民议会。

6月27日，三个等级再次联合。

6月28日，人们通过游行表达自己的喜悦，对未来抱有乐观的憧憬。

6月30日，多数贵族和少数神职人员放弃了特权。

1789年7月

7月1日，巴黎人民恳求路易十六赦免一些被强行带出监狱的士兵。

7月2日，路易十六给出答复。

7月3日，奥尔良公爵腓力一世当选议长。奥尔良公爵腓力一世拒绝担任议长。维埃纳大主教德·蓬皮尼昂接任议长。

7月4日，关于允许六名圣多明戈代表进入国民议会的法令颁布。

7月5日，德意志军队迅速逼近。

7月6日，立宪委员会被取缔。

7月7日，圣通日省的一个镇放弃了免于支付物资补贴的特权。

7月8日，有关绝对授权的法令颁布。

7月9日，国民议会出台有关规范国民议会立法程序的计划。

7月10日，国民议会要求路易十六撤回军队。路易十六同意国民自卫军的行军计划。巴黎发生了大规模骚乱。

7月11日，雅克·内克尔被解职并离开巴黎。

7月12日，雅克·内克尔被解职的消息传开。人们都吓坏了。朗贝斯克公爵率军进入杜伊勒里宫。

7月13日，国民议会派了一个代表团觐见国王，向国王描述了巴黎的恐怖活动。国王的回应不怀好意。人们被要求注意维持公共秩序。招募公民成为武装力量的人遭到逮捕。军队撤回。国民议会宣布内阁的责任。

7月14日，人们拿起武器，攻占巴士底狱。洛奈侯爵被处死，国民议会没有中断会议进程。拉斐特侯爵整晚都坚持开会。巴黎正处于极大的焦虑之中。

7月15日，路易十六来到国民议会，宣布军队撤离。国民议会派代表团通知人民。巴士底狱被攻占，亲王们和其他王室成员潜逃。

7月16日，国民议会要求路易十六解散现内阁并召回雅克·内克尔。路易十六顺从国民议会和人民的愿望。雅克·德·弗莱塞尔被处死，让·西尔万·贝利担任巴黎市长，拉斐特侯爵担任巴黎国民自卫军指挥官。

7月17日，路易十六来到巴黎以平息人民的不安。让·西尔万·贝利在巴黎城门口迎接路易十六并给他戴上国民徽章，护送他到巴黎市政厅。路易十六回到凡尔赛宫，人民欢呼着为他送行。

7月18日，巴黎又恢复了平静。像往常一样，沿街马车可以免费通行。

7月19日，各省发生动乱。

7月20日，拉罗什富科-利扬库尔公爵成为议长。全国各地都感谢国民议会崇高、积极和坚定的行为。

7月21日，路易十六准许自己的卫兵加入巴黎的国民自卫军。

7月22日，德·杜埃和贝尔捷·德·索维尼被处死。

7月23日，国民议会发布公告，建议人民恢复秩序和安宁。

7月24日，对布列塔尼等地代表的权利进行核查的决定获得通过。

7月25日，关于坎塞城堡等地所发生的事情的法令通过。

7月26日，巴黎粮食短缺。

7月27日，国民议会宣读了雅克·内克尔从巴斯尔寄来的回信。科洛纳神父在诺让被捕的消息及莫里神父在佩龙讷被捕的消息传来。

7月28日，来自鲁昂的代表们提议国家应供应玉米。

7月29日，雅克·内克尔归来，去了国民议会。

7月30日，雅克·内克尔前往巴黎市政厅。

7月31日，国民议会决定成立国民大会。

1789年8月

8月1日，国民议会做出有关代表团的决定。圣丹尼斯发生暗杀事件。

8月2日，一些正规军士兵要求加入国民自卫军。

8月3日，沙普利耶议长发布关于人身安全、个人财产等方面的法令。

8月4日，废除特权。

8月5日，国民议会颁布粮食自由流通的法令。

8月6日，拘留沃古翁公爵的判决获得通过。

8月7日，雅克·内克尔向国民议会提出三千万里弗的贷款建议。

8月8日，废除封建世袭制度。

8月9日，国民议会通过三千万里弗的贷款计划，其年利率为百分之四点五。

8月10日，国民议会颁布有关社会安定的法令。

8月11日，国民议会颁布了与8月4日通过的废除特权一事相关的法令。

8月12日，国民议会建立委员会审查民事、教会及封建权利等问题。

8月13日，国民议会决定恢复什一税。路易十六接受了“法兰西王国自由恢复者”的称号。因此，人们为他唱颂歌。

8月14日，国民议会提名档案管理员。

8月15日，拉斐特侯爵率领瑞士卫兵队宣誓效忠法兰西王国。

8月16日，巴黎粮食严重短缺。

8月17日，国民议会从议长克莱蒙特·通涅雷伯爵处获悉，卡扎拉斯侯爵在南部某省被捕。

8月18日，国民议会进行了有关人权宣言的辩论。

8月19日，国民议会决定宣读从各地寄来的信。那盏著名的灯是用铁夹子挂起来的。

8月20日，《人权宣言》的序言和第一条以法令的形式获得通过。

8月21日，《人权宣言》的新条款颁布。巴黎的几个地区开始分发大米而不是面包，因为那里的面包非常短缺。

8月22日，国民议会继续召开从昨天开始的会议。粮食匮乏的状况持续恶化。

8月23日，国民议会颁布宗教信仰自由法令。

8月24日，国民议会颁布出版自由法令。

8月25日，骚乱的人群在巴黎面包店门前聚集。

8月26日，《人权和公民权宣言》获得通过。

8月27日，国民议会颁布有关雅克·内克尔三千万里弗贷款计划的决定。雅克·内克尔的计划是八千万里弗贷款，年利率为百分之五。

7月28日，国民议会开始制订宪法。

7月29日，国民议会颁布关于谷物自由流通的法令。

7月30日，国民议会获悉有人策划反革命，这在巴黎引起轩然大波。

7月31日，朗格勒主教卢泽纳成为议长。

1789年9月

9月1日，国民议会开始讨论国王的权力。

9月2日，国民议会任命贸易和农业委员会。

9月3日，国民议会任命委员会，以调查圣多明戈的情况。

9月4日，有关国王批准权的讨论仍在进行当中。

9月5日，国民议会颁布有关巴黎粮食供应的法令。八十辆载满谷物的货车从布里开往巴黎。

9月6日，圣拉扎勒斯的监狱被拆除。

9月7日，女士们献出自己的珠宝以保证国家的粮食供应。

9月9日，国民议会被宣布为永久性机构。

9月10日，国民议会颁布法令，宣布立法机构仅能由一个议院组成。

9月11日，路易十六发布诏书，禁止国民议会宣读有关国王批准权的决定。

9月12日，国民议会颁布法令规定，每个立法机构的任期限制在两年以内。

9月13日，巴黎再次出现粮食短缺问题。

9月14日，国民议会决定了要求国王实施批准权的形式。克莱蒙特·通涅雷伯爵再次担任议长。

9月15日，国民议会颁布法令，规定国王不可侵犯，王位世袭，法兰西王国不可分割。

9月16日，国民议会讨论波旁家族一些分支的退出。

9月17日，饥荒问题加重。

9月18日，国民议会颁布有关爱国捐赠的法令。

9月19日，沙特尔镇向巴黎运送了大量面粉，并承诺每周都会运送同样数量的面粉。

9月20日，路易十六承诺在整个法兰西王国实施1789年8月4日通过的法令。

9月21日，国民议会反对设立第二议院。

9月22日，国民议会颁布关于各行政机构所在地和抚恤金的法令。路易十六把自己的盘子送到了铸币厂。

9月23日，国民议会颁布关于盐的法令。

9月24日，雅克·内克尔向国民议会描述了法兰西王国可怕的经济状况。爱国捐款增加。

9月25日，国民议会颁布关于特权人士捐赠的法令。

9月26日，国民议会通过了雅克·内克尔提出的财政计划。

9月28日，国民议会颁布废除封建特权的法令。

9月29日，国民议会颁布关于教堂捐赠的法令。

9月29日，国民议会颁布了一些宪法条款。

1789年10月

10月1日，军事审查委员会成立。凡尔赛的法兰西近卫军欣喜若狂。

10月2日，国民议会成立委员会以调查殖民地的问题。关于有息贷款的法令颁布。

10月3日，国民议会草拟谷物流通法令。粮食短缺问题十分严重。

10月4日，人们从士兵的帽子上取下单一颜色的帽徽。

10月5日，《人权宣言》和有关宪法的法令条款被接受。人们在夜间前去觐见在凡尔赛宫的国王路易十六。

10月6日，路易十六和王室成员来到巴黎。国民议会颁布法令，宣布国民议会和国王不可分离。

10月7日，国民议会颁布关于捐赠一致性、持续性的法令。

10月8日，国民议会颁布关于商会代表的法令。

10月9日，路易十六满足各省的愿望，移居巴黎。

10月10日，人们的许多图谋不轨行为被通告。

10月11日，在皮耶特山当铺，国王和王后玛丽•安托瓦内特替穷人赎回了不超过二十四里弗当掉的亚麻衣服和冬衣。

10月12日，国民议会将会议地点转移到巴黎。

10月13日，国民议会确定针对罪犯的诉讼程序。

10月14日，奥尔良公爵腓力一世请求前往英国。

10月15日，国民议会决定废除代表的关税。

10月18日，路易十六在香榭丽舍大街检阅了国民自卫军的一个师。

10月19日，国民议会首次在巴黎召开会议。奥尔良公爵腓力一世在海上被截住的消息传来。国民议会下令详述奥尔良公爵腓力一世的行为。

10月20日，国民议会颁布关于向各省下达命令的法令。

10月21日，一个面包师被诬告没收穷人的面包，被暴民绞死。暴民被实施戒严令。

10月22日，有色人种要求享有公民权利。

10月23日，国民议会成立委员会来审查被秘密逮捕令逮捕的囚犯。

10月24日，内阁要求明确自己的职责。

10月26日，禁止各省集会的法令颁布。

10月27日，禁止破产者担任公职的法令获得通过。

10月28日，卡德默斯先生成为议长。关于修道士誓约的临时法令颁布。路易十六和王后玛丽·安托瓦内特同意做那个不幸的面包师孩子的教父和教母。

10月29日，有关标记白银的计划被讨论。

10月30日，国民议会决定加速起草法案。

10月31日，国民议会讨论教会财产问题。

1789年11月

11月1日，《法兰西王国颂歌》的作者接受检查。

11月2日，关于教会财产的法令颁布。

11月3日，关于议会休假的法令颁布。

11月4日，关于法令批准的法令颁布。一个由主教组成的代表团被派去面见觐见路易十六，并要求他不要效仿查理九世。

11月5日，国民议会颁布向各省颁布法令的法令。

11月6日，国民议会作出允许大臣参与协商的第一个动议。

11月7日，禁止国民议会成员进入内阁的法令获得通过。

11月8日，卡拉芒侯爵在阿朗肯被捕的消息传来。法兰西王国的饥荒问题有所缓解。

11月9日，国民大会首次在马纳日召开会议。有关法律的宣读和批准的法令颁布。

11月10日，在鲁昂设立假期议院的决定扰乱民心，相关法令颁布了。

11月11日，国王的枢密院对设立假期议院产生了影响。

11月12日，雅克·纪尧姆·图雷成为议长。为满足路易十六的期望，国民议会阻止了所有反对假期议院的立法进程。

11月13日，关于获益者声明的法令颁布。

11月14日，关于修道院档案和书籍的法令颁布。雅克·内克尔向国民议会提议建立国家银行。

11月16日，废除司法机构的司法功能和一百面值钱币的法令颁布。

11月17日，梅斯的议会扰乱民心，与此相关的法令颁布。

11月18日，关于初级议会和选举议会的法令颁布。

11月19日，关于各区、地区行政规划的法令颁布。

11月20日，国民议会提供了一种银扣。

11月21日，国民议会提名委员来规范法令的下达。

11月22日，巴黎市民把自己的银扣作为爱国献礼。

11月23日，艾克斯大主教德·布瓦热兰成为议长。一项有关各区和巴黎市民讨论的法令颁布。

11月24日，坎布雷菲斯各州审议情况的宣言发布。

11月25日，关于伦敦革命俱乐部声明的法令颁布。

11月26日，关于卡昂国民自卫军的法令颁布。

11月27日，国民议会禁止向公职人员赠送新年礼物。

11月28日，关于国家财政状况账目的法令颁布。

11月30日，确立科西嘉岛为法兰西王国一部分的法令颁布。

1789年12月

12月1日，国民议会继续制订有关市政机构的法令。

12月2日，关于现有市政机构临时职能的法令颁布。

12月3日，国家代表的资格问题被讨论。

12月4日，关于财政状况的报告发布。

12月5日，关于建立国家银行的不同计划被讨论。

12月6日，巴黎法院拟定贝桑瓦尔男爵的诉讼程序。

12月7日，关于土伦动乱的法令颁布。

12月8日，关于在雷恩建立假期议院的法令颁布。

12月9日，关于部门组织的临时法令颁布。

12月10日，国民议会颁布法令规定，在开始讨论之前，要先陈述国家事务。范德努特和布拉邦各州给路易十六寄去一封信。路易十六把信送回去了。

12月11日，保护森林的法令颁布。

12月12日，关于布列塔尼推迟提高某些税收的法令颁布。

12月13日，桑利斯发生了一件令人悲伤的事情。

12月14日，关于市政机构宪法的法令颁布。

12月15日，关于在布列塔尼建立假期议院的法令颁布。

12月16日，关于征兵的法令颁布。

12月17日，关于多种税收的法令颁布。

12月18日，关于财政程序的法令颁布。

12月21日，关于特殊补给的法令颁布。

12月22日，国民议会制订公共集会和行政集会的规则。

12月24日，关于非天主教徒资格的法令颁布。

12月25日，法夫拉侯爵被捕。

12月26日，关于爱国贡献的法令颁布。奥尔良公爵腓力一世来到巴黎市政厅，以解释他对法夫拉侯爵一事的关切。

12月28日，关于市政机构管辖权的法令颁布。

12月29日，国民议会拒绝杰尼维亚人的提议。

12月30日，关于巴尔贝岛收费站的法令颁布。

12月31日，给日工支付固定工资的法令颁布。

1790年1月

1月1日，沙约因宣誓问题而发生骚乱。

1月2日，关于秘密逮捕囚犯的法令颁布。

1月4日，孟德斯鸠神父担任议长，要求国王自己确定民事救济金额的法令颁布。

1月5日，没收未在本地居住的居民财产的法令颁布。

1月7日，关于国民自卫军以公民誓言形式宣誓的法令颁布。

1月8日，区分宪法条款和法律条款的法令颁布。

1月9日，规定部门权限的法令颁布。

1月11日，关于雷恩议会假期议院行为的法令颁布。

1月12日，关于法兰西王国区域划分的法令颁布。

1月13日，关于将巴黎作为一个省的法令颁布。

1月14日，用不同方言颁布法令的法令颁布。

1月15日，将法兰西王国划分为八十三个省的法令颁布。有一个名叫内沙姆的英国青年因在韦尔农的动乱中救了一个巴黎人的命而收到巴黎市民赠予的桂冠和一把剑，以示他们的感激之情。

1月16日，关于进一步划分法兰西王国的法令颁布。

1月18日，塔尔热侯爵成为议长。法兰西王国驻君士坦丁堡大使舒瓦瑟尔·古菲耶送来了爱国礼物。

1月19日，雅克·内克尔生病，巴黎市民为此感到焦虑。

1月20日，国民议会计划制定关于新闻自由的法律。

1月21日，为穷人任命四位代表的法令颁布。

1月22日，成立清算委员会的法令颁布。

1月23日，交纳什一税的法令颁布。

1月25日，消除对罪犯家庭所有偏见的法令颁布。

1月26日，禁止国民议会任何成员接受政府管辖的任何地方或政府的任何捐赠的法令颁布。

1月27日，规定朗布依埃成为凡尔赛省第九行政区的法令颁布。

1月28日，支持葡萄牙、西班牙和阿维尼翁的犹太人的法令颁布。布列塔尼的部分贵族放弃特权并进行公民宣誓。

1月29日，禁止饲养种马的法令颁布。贝赞瓦尔侯爵被释放。

1月30日，关于交税的法令颁布。

1790年2月

2月1日，关于进一步划分法兰西王国的法令颁布。

2月3日，比罗·德·普西担任议长。在雷恩建立临时法庭的法令及时颁布。

2月4日，路易十六前往国民议会，并承诺热爱并保护宪法。国民议会成员再次宣读公民誓词。

2月5日，废止一些修道院的法令颁布。

2月6日，雷恩议会假期议院的成员率先放弃特权，相关法令颁布。

2月7日，进一步划分法兰西王国的法令颁布。

2月8日，继续颁布划分法兰西王国的法令。

2月9日，巴黎法院草拟了起诉法夫拉侯爵的程序。

2月10日，国民议会颁布关于社会安定的法令。

2月11日，国民议会颁布关于如何使用爱国馈赠的法令。

2月12日，关于宗教秩序的法令颁布。

2月13日，关于废止宗教宣誓的法令颁布。

2月14日，人们歌颂国王，因为1790年2月4日他承诺维护宪法。

2月15日，关于主要省份和行政区划分的法令颁布。

2月16日，关于变更各州标志的法令颁布。

2月17日，奥坦主教塔列朗担任议长。

2月18日，关于僧侣和修道士的法令颁布。

2月19日，处决法夫拉侯爵。

2月20日，关于凡人修士的法令颁布。

2月22日，检查军事学校的面粉。

2月23日，关于公共和平的法令颁布。

2月24日，国民议会对封建世袭权进一步颁布法令，废除名誉区分。

2月25日，进一步颁布尊重封建世袭权的法令。

2月26日，针对法兰西王国划分进一步颁布法令。

2月27日，针对法兰西王国划分进一步颁布法令。

2月28日，规范军队行为的法令颁布。

1790年3月

3月1日，国民议会颁布有关封建世袭权的法令。

3月2日，孟德斯鸠神父第二次成为议长。国民议会成立委员会调查殖民地事宜。

3月3日，国民议会针对封建特权进一步颁布法令。

3月4日，关于布尔多议会假期议院的法令颁布。

3月5日，国民议会颁布法令，以获取贵族名录。

3月6日，关于推迟所有法院院长执行判决的法令颁布

3月7日，国民议会进一步颁布有关如何使用爱国馈赠的法令。

3月8日，关于制定法兰西王国殖民地宪法的法令颁布。

3月9日，国民议会进一步颁布关于封建权利的法令。

3月11日，关于砍伐教会建筑中树木的法令颁布。

3月12日，雅克•内克尔再次报告财政状况。

3月13日，因秘密逮捕令或其他专制命令被拘捕的囚犯的法令颁布。

3月15日，关于封建世袭权的一般性法令颁布。

3月16日，拉博•德•圣艾蒂安当选议长。

3月17日，关于以四亿里弗金额售卖国家财产的法令颁布。

3月18日，关于保护神职人员所有森林和树林的法令颁布。

3月19日，关于已离开修道院并住在普通住房中的僧侣的法令颁布。

3月20日，市政官员参加各省和行政区行政集会资格的法令颁布。

3月21日，废除盐税的法令颁布，同时弥补该税项的计划被提出。

3月22日，国民议会停止之前废除封建特权的进程。

3月23日，国民议会提名四个委员会以监督贴现基金会①。

3月24日，暂停地产交易的法令颁布。

3月25日，国民议会发布命令规定，任何法令都应提前三天提交，以备批准。掌玺大臣拉穆瓦尼翁•德马勒泽布应在随后八日内向国民议会交代结果。

① 法兰西王国的一家金融机构，最初由路易十五于1767年创建，1793年8月24日由国民议会宣布解散。它被视为法兰西银行的前身。——译者注

3月26日，国民议会提名财政办事处代表。

3月27日，关于爱国捐献支付方式的法令颁布。

3月28日，关于殖民者集会规定的法令颁布。

3月29日，关于国王代表职能的法令颁布。

3月29日，关于释放被法院院长定罪的人的法令颁布。

3月31日，布赛男爵被任命为议长。

1790年4月

4月1日，国民议会讨论东印度公司的问题。

4月2日，关于格里松共和国演讲的法令颁布。

4月3日，与西印度群岛开展贸易的法令颁布。孔蒂公爵进行公民宣誓。

4月5日，国民议会讨论司法机构的组建。

4月6日，建立陪审团的法令颁布。

4月7日，法兰西王国近卫军军衔授予和军官报酬的法令颁布。

4月8日，授予海军与陆军相同薪酬的法令颁布。

4月9日，国民议会规定神职人员的债务属于国家债务。

4月10日，国民议会规定，在符合资格的条件下，年龄不得作为豁免的条件。

4月11日，国民议会授权继续征收货物入市税。

4月12日，国民议会讨论了是否应宣布天主教为国教的问题。

4月13日，邦奈侯爵成为议长。国民议会进一步讨论是否应宣布天主教为国教的问题。

4月14日，国民议会讨论了圣坛神父日用品提供的问题。

4月15日，国民议会讨论了物品分配问题。

4月16日，关于阿尔萨斯犹太人的法令颁布。

4月17日，关于指券的数量、形式和结构的法令颁布。

4月18日，关于财政状况信息的法令颁布。

4月19日，关于行政管理人员、财物主管等资格的法令颁布。

4月20日，国民议会规定了国王的狩猎范围。

4月21日，国民议会决定建立神职人员委员会。

4月22日，国民议会通过了追捕的一般性法令，通过了国王穿着花费的法令。科西嘉岛的代表团到达巴黎。帕斯夸莱·佩奥利作为代表团团长出现在国民议会。

4月23日，取消对农民征收盐税的法令颁布。

4月24日，关于布尔多议会的法令颁布。

4月25日，国民议会颁布爱国捐赠使用方法的法令。

4月26日，阿尔吉耶摄政当局在路易十六的要求下释放了所有被监禁的法兰西人。

4月27日，维里恩侯爵成为议长。国民议会规定，国民议会的任何成员都要进行公民宣誓。

4月28日，国民议会讨论司法机构的组建。

4月29日，国民议会颁布确定谷物自由流通的法令。

4月30日，关于刑事犯罪的陪审团建立。马赛的圣母堡被攻占。

1790年5月

5月1日，关于终止乱局的法令颁布。

5月3日，国民议会决定固定法官的住所。

5月4日，国民议会规定法官的任期为六年。

5月5日，国民议会规定法官应由人民选出。

5月6日，关于巴黎市政机构计划条款的法令颁布。

5月7日，国民议会规定选民和法官不得让太多人觐见国王。

5月8日，国民议会规定由公共事务机构提名官员。

5月9日，国民议会宣布王室财产可转让。

5月10日，雅克·纪尧姆·图雷当选议长。

5月11日，国民议会命贴现基金会向国库支付两千八百万里弗。

5月12日，国民议会讨论国家财产转让的问题。

5月13日，关于转让国家财产的法令颁布。

5月14日，关于禁止国外的盐进入法兰西王国的法令颁布。

5月15日，关于交税的法令颁布。

5月16日，国民议会讨论它是否有权决定战争或者拥有行政权的问题。

5月17日，有关蒙托邦动乱的报告发布。国民议会颁布与蒙托邦动乱有关的法令。

5月18日，旨在恢复莱茵河上游和下游安宁的法令颁布。

5月19日，国民议会规定，向指定官员支付六百里弗的抚恤金，这些官员将收到神职人员的租金。

5月20日，关于释放囚禁于法兰西王国船上的外国人的法令颁布。

5月21日，对使用中的木材征收关税的法令颁布。

5月22日，国民议会宣布基于人民的利益决定是否发动战争。

5月23日，国民议会通过法令，延长现金兑换指券的时间。

5月24日，建立废止法庭的法令颁布。

5月25日，国民议会规定加快起草赋税办法。拉斐特侯爵及其副官罗默夫侯爵冒着生命危险把一个不幸的罪犯从要绞死他的人手中救出来。

5月26日，国民议会规定废止法庭法官的住所为临时住所。

5月27日，博梅茨侯爵成为议长。国民议会通过设立商业法庭的法令。

5月28日，关于审查形式及选举议会政策的法令颁布。

5月29日，雅克·内克尔给出了四月和五月的收支账目。

5月30日，国民议会下令禁止在公共场所内乞讨，并建立贫民之家。

5月31日，关于国家财产出售方式的法令颁布。

1790年6月

6月1日，关于指券的形式和流通的法令颁布。

6月2日，国民议会命令副神父在布道中向人民宣布新法律。

6月3日，国民议会规定每个行政区只需设立一个主教教区。

6月4日，针对爱国捐赠的一些困难的法令颁布。

6月5日，国民议会规定提高军队的待遇。巴黎市长向国民议会递交了建立联邦的方案。

6月6日，国民议会规定，每个士兵的薪酬增加三十二第纳尔。

6月7日，国民议会规定大主教和主教职位的数目。

6月8日，伊曼纽尔·约瑟夫·西埃耶成为议长。国民议会规定了国民自卫军代表的固定数量，以及1789年7月14日规定的联邦政府常规军的数量。

6月9日，路易十六给国民议会写信，说明了王室的情况和需要的花费，并索要总额为两千五百万里弗的王室专款。国民议会立刻答应了路易十六的上述要求。

6月10日，国民议会规定王后玛丽·安托瓦内特每年的化妆费用为四百万里弗。

6月11日，米拉波伯爵向国民议会报告本杰明·富兰克林的死讯。

6月12日，家庭主妇们献出银扣。

6月13日，关于在公共场所内乞讨的法令颁布。

6月14日，国民自卫军亨利四世营在沃日拉尔款待了两百名乞丐。

6月15日，关于主教、助理神父、教区神父提名的法令颁布。

6月16日，国民议会确定天主教神父的薪金应由国家支付。

6月17日，为宣誓过公民身份的神父指定薪水的法令颁布。

6月18日，国民议会接到一些自称尼姆天主教徒的人不宽容、无条件审议的报告。

6月19日，国民议会命尼姆天主教徒前往法庭。阿尔芒-加斯顿·加缪向国民议会宣告，阿维尼翁的人民一致投票加入法兰西王国。

6月20日，国民议会颁布法令，取消等级、头衔和制服。

6月21日，圣法尔诺侯爵成为议长，尼姆发生动乱的消息传来。

6月22日，国民议会通过了热拉尔神父的提议。杰勒德神父提议，代表不在职期间不得获得薪水。

6月23日，关于神职人员谋生方式的法令颁布。

6月24日，国民议会颁布法令，禁止行政机构在审议过程中使用“法令”一词。

6月25日，阿维尼翁的三个代表要求国民议会倾听他们的声音。

6月26日，关于法兰西王国舰队的法令颁布。巴士底狱的征服者向国民议会呈现了他们胜利的标志。

6月27日，米拉波侯爵维克托·德·日奎提为自己辩白。

6月28日，国民议会颁布法令，确定了各行政区和地区的名录，从而确定了各行政区和地区的功能。

6月29日，关于出售国家财产的法令颁布。

6月30日，国民议会进一步颁布关于现有神职人员收入的法令。

1790年7月

7月1日，国民议会要求国王路易十六按照殖民地的要求向多巴哥运送物资。

7月2日，关于将教会移交俗人管理的法令颁布。

7月3日，关于购买封建世袭权的法令颁布。

7月5日，邦奈侯爵成为议长。关于审判权的法令颁布。

7月6日，国民议会通过了确定主教职位的法令。

7月7日，国民议会通过了任命治安法官的法令。

7月8日，关于法官职能的法令颁布。

7月9日，关于联邦典礼及公民宣誓形式的法令颁布。

7月10日，国民议会通过法令，将财产还给那些因《南特敕令》的废除而被没收财产的流亡贵族后代。国民议会通过法令，确定了今后获得抚恤金的必要条件。保罗·琼斯作为美国人的领袖出现在国民议会上，并以官方身份对代表们为世界树立的伟大而崇高的榜样表示感谢。同样，尼古拉·卢克纳将军出现在国民议会上，用最生动的语言证明自己的爱国主义。

7月11日，来自法兰西王国各地的代表抵达联邦政府。

7月12日，关于神职人员状况的法令颁布。

7月13日，由全国国民自卫军组成的代表团致敬国民议会和国王。拉斐特侯爵以代表团团长的身份向国民议会和国王讲话。

7月14日，法兰西联邦的第一次庆典举行。

7月15日，国民议会规定法兰西联邦的金旗必须悬挂在国民议会的大厅内。

7月16日，关于抚恤金的法令颁布。关于国家领土转让的法令颁布。

7月17日，关于对里昂暴动采取措施的法令颁布。

7月18日，推迟兑换现金的法令颁布。巴黎举行集会，向法兰西联邦的成员致敬。

7月19日，规定国民自卫军制服的第一条法令颁布。国民议会通过法令，暂时搁置赎回不动产权。国民议会通过法令，指定奥连特港和土伦港作为东印度舰队返回时的港口和上岸地点。

7月20日，让·巴普蒂斯特·特雷亚尔成为议长。国民议会通过法令，废除了迄今为止对犹太人不利的居住权、宽容权和保护权规定。

7月21日，国民议会废除了已宣誓的不动产、家具等估价人的法令。

7月22日，解释追捕令的法令颁布。

7月23日，国民议会讨论区级法官的问题。

7月24日，国民议会规定，法兰西王国近卫军军官的薪酬不再由国库支付。

7月25日，国民议会要求列出尚未交清欠款的部门名单。

7月26日，国民议会废除道路两旁的植树权等。

7月27日，阿登行政区报告说，奥地利军队已获准自由进入法兰西王国的领土。

7月28日，蒙莫兰伯爵解释了批准奥地利军队自由进入法兰西王国领土的动机。禁止奥地利军队进入法兰西王国的法令颁布。

7月29日，外交委员会建立。邦内·萨瓦丁、巴尔蒙德、埃格斯在马恩河畔的沙隆被捕。

7月30日，国民议会命令对属于斯特拉斯堡主教和大的教会分会的权利、地产等进行盘点。

7月31日，国民议会进一步颁布关于抚恤金的法令。反对诽谤的法令颁布。

1790年8月

8月1日，反对诽谤的法令进一步颁布。

8月2日，安得侯爵成为议长。圣皮尔堡暴乱的消息传来。

8月3日，关于上诉法庭的法令颁布。

8月4日，国民议会进一步规定法律程序。

8月5日，任命治安法官和建立家庭案件审理法庭的法令颁布。

8月6日，废除封地权和开采权的法令颁布。

8月7日，国民议会决定削减行政部门开支。

8月8日，国民议会下令将四千万里弗现钞存入国库。

8月9日，许多出版物鼓励士兵造反。

8月10日，圣多明戈殖民地向国民议会提交了殖民地临时宪法的基本原则。

8月11日，国民议会讨论1789年10月5日和1789年10月6日曾经讨论过的议题。

8月12日，关于废除废止法庭的法令颁布。

8月13日，关于审理民事和贸易案件法官裁决的法令颁布。

8月14日，关于亲王拥有的领地的法令颁布。

8月15日，国民议会要求了解路易十六保留席位的目的是什么。

8月16日，杜邦侯爵成为议长。有三个团在南锡叛乱的消息传来。国民议会下令对首要分子进行处罚。

8月17日，国民议会规定奥夫堡的新教徒应享有之前的权利和特权。

8月18日，与路易十六希望保留的行政职位和领地相关的法令颁布。

8月19日，关于海军刑法的若干条款颁布。

8月20日，阿尔吉耶摄政当局要求国民议会对其旗帜在地中海受到侮辱给出一个理由。

8月22日，关于邮局和舞台的法令颁布。

8月23日，国民议会宣布，对西厄尔·佩罗坦的指控证据确凿。

8月24日，关于驿马的法令颁布。

8月25日，禁止神职人员进入司法部门的法令颁布。

8月26日，米拉波侯爵维克托·德·日奎提辞去代表职务。

8月27日，国民议会命令释放被拘留在奥兰治的阿维尼翁公民。

8月28日，关于好望角以外地区商业活动的法令颁布。

8月29日，关于伤残官员工资的法令颁布。

8月30日，热斯侯爵担任议长。关于治安法官的法令颁布。

8月31日，蒙梅迪事件发生。梅斯的武装市民渴望迎接炮火的洗礼。勇敢的德菲尔人做出英雄举动。

1790年9月

9月1日，国民议会发布公告，以强化南锡驻军的秩序。

9月2日，关于法官、国王的代表及登记员等方面的法令颁布。南锡事件引发了巴黎巨大的骚乱。

9月3日，关于南锡暴乱的法令颁布，国民议会命令对违法者进行搜查，以使违法者受到惩罚。

9月4日，雅克·内克尔向国民议会提交辞呈。

9月5日，国民议会进一步讨论指券的问题。

9月6日，国民议会规定，由初级议会提名的选举人任期两年，并被提名至各部门。

9月7日，关于被狂热所误导的雅莱斯士兵的法令颁布。

9月8日，关于神职人员的法令颁布。

9月9日，关于军械条例的法令颁布。

9月10日，国民议会免除国库承担的巴黎军需品的费用。

9月11日，国民议会授权财政部向国库支付两千万里弗。

9月12日，关于指券流通及接受指券的法令颁布。

9月13日，比罗·德·比西成为议长。关于国王狩猎的法令颁布。

9月14日，限制巴黎法庭的法令颁布。

9月15日，关于玉米自由流通和禁止出口的法令颁布。

9月16日，国民议会责令支付二十一万零六百里弗的无效基金。

9月17日，国民议会拨款六万里弗，救济那些在利摩日的房屋被烧毁的不幸人士。

9月18日，国民议会规定任何行政机构都无法阻止军队的征战。

9月20日，国民议会宣布各议长可以在各行政区担任法官。

9月21日，关于清算革命前各省债务的法令颁布。

9月22日，关于军事法庭的能力、组织和程序的法令颁布。

9月23日，国民议会规定国民议会成员不得担任国王在法庭的代表，直到立法结束四年后为止。

9月24日，攻占巴士底狱时被夺去枪和剑的刀匠们要求赔偿。

9月25日，国民议会讨论了发放指券的问题。

9月26日，国民议会命令贴现基金会向国库支付一千万里弗。

9月27日，埃梅里侯爵成为议长。国民议会再次讨论指券发放问题。

9月28日，国民议会继续讨论指券发放问题。

9月29日，国民议会规定发放无息指券。

9月30日，关于1789年10月5日和1789年10月6日由巴黎法院起草的刑事诉讼的报告发布。

1790年10月

10月1日，国民议会规定，瑞士卫兵队的士兵和士官的工资与法兰西王国近卫军相同。

10月2日，国民议会宣布对米拉波侯爵维克托·德·日奎提的指控没有证据。

10月3日，关于向国库支付必要资金方式的法令颁布。

10月4日，大臣叙述了布雷斯特后来发生的骚乱。

10月5日，关于副官和助理薪金的法令颁布。

10月6日，关于清理办公场所的法令颁布。

10月7日，国民议会规定巴黎选举警察代表。

10月8日，关于八千万里弗贷款和其他贷款的法令颁布。1790年10月16日之前，四亿里弗指券的利息必须支付。

10月9日，废除对皮革、皮、油和肥皂制品征税的法令颁布。

10月10日，国民议会委任四十五名士兵。

10月11日，梅兰侯爵成为议长。国民议会授权拥有王室血统的庄园主人在冬天砍伐属于这些庄园的木材。

10月12日，恢复圣多明戈岛秩序的法令颁布。

10月13日，关于公共教育的法令颁布。

10月14日，关于治安法官的法令颁布。

10月15日，国民议会要求提名代表，以监督八亿里弗指券的发放。

10月16日，国民议会规定，从今日起，指券的利息不再是百分之三。

10月17日，国民议会命令不久前还被称为阿尔萨斯省的地区对神职进行管理。

10月18日，关于给教区已撤销的副神父小费的法令颁布。

10月19日，因《南特敕令》的废除而流亡的法兰西王国难民后代要求拥有自己祖先的财产。

10月20日，国民议会规定对那些欠国库债的人采取措施。

10月21日，针对布雷斯特舰队起义的法令颁布。

10月22日，国民议会得知了英勇的起义者的死讯，深感悲痛。

10月23日，国民议会规定立刻售卖国有财产。

10月24日，关于爱国捐赠的法令颁布。

10月25日，安托万·巴纳夫成为议长。关于爱国捐赠的法令颁布。

10月26日，国民议会规定了法兰西王国大使要宣读的公民誓言的形式和涉外法庭的临时代办问题。

10月27日，国民议会修改了刑法典中关于海军的一些条款。

10月28日，国民议会要求路易十六与在阿尔萨斯拥有封建权利的诸侯们进行谈判。关于法兰西王国境内外国人持有的教会财产的法令颁布。

10月30日，针对两个团在贝福特的暴行及制造的混乱，国民议会颁布了法令。

10月31日，国民议会规定废除盐税等。国民议会规定推迟废除盐税的期限。

11月

11月2日，国民议会规定了法律的新形式以及将法律送交法庭等。

11月3日，关于法官和国王代表薪水的法令颁布。

11月4日，国民议会规定了印制指券，并宣布任何伪造指券的人都会被判处死刑。

11月5日，国民议会规定，杰出基金会要借给国库四千八百万里弗，以用于11月的开销。

11月6日，关于解散海军部的法令颁布。

11月7日，关于清算公共债务的法令颁布。

11月8日，沙斯侯爵成为议长。

11月9日，西厄尔·布吕利提议开放运河。

11月10日，巴黎各部门要求大臣们返回。

11月11日，国民议会授予主教们婚姻豁免权。

11月12日，关于出售国有粮食和面的法令颁布。

11月13日，夏尔·卡斯特里的旅馆被洗劫一空。

11月14日，关于区负责人职能和报酬的法令颁布。

11月15日，关于教区的组成形成和征兵的法令颁布。

11月16日，国民议会宣布科西嘉岛建立独立行政部门。波尔塔伊侯爵被任命为陆军大臣。

11月17日，关于废止法庭组成形式的法令颁布。

11月18日，关于任命一些军官为副官和副官晋升的法令颁布。

11月19日，关于教区教堂副神父选择的法令颁布。

11月20日，路易十六被要求向阿维尼翁派兵，以恢复那里的秩序、维护法兰西王国宪法。

11月21日，拉梅特伯爵亚历山大·西奥多-维克托成为议长。关于以抽签方式重新选举市政官员的法令颁布。

11月22日，关于领地立法机构的法令颁布。

11月23日，关于领地贡献的法令颁布。

11月24日，关于陆军代表薪水的法令颁布。

11月25日，关于将巴约纳港、马赛港和敦刻尔克港作为自由港的法令颁布。

11月26日，关于将珠宝、装饰性饰品和金银盘子送到莫诺伊旅馆的法令颁布。

11月27日，国民议会规定，受俸神父要宣誓。

11月28日，关于登记权的法令颁布。

11月29日，国民议会颁布法令，以恢复法属安提拉群岛的秩序。

11月30日，国民议会规定定期支付神职人员的抚恤金。

1790年12月

12月1日，关于阿尔萨斯新教徒的法令颁布。

12月2日，关于炮兵组织的法令颁布。

12月3日，国民议会允许行政机关设立一笔贷款，以资助代表们参加1790年7月14日联邦的庆祝活动。

12月4日，国民议会命令拨款以救济穷人。

12月5日，佩顿·德·维勒讷沃成为议长。国民议会获悉瓜达卢佩岛已完全服从宪法。

12月6日，锡耶里侯爵向国民议会解释了南锡暴乱的原因。

12月7日，为核实神职人员债权人索赔而设立办公室。

12月8日，在巴黎征税的法令颁布。

12月9日，国民议会规定归还逃亡修道士等人员的财产。

12月10日，关于现任神职人员工资的法令颁布。

12月11日，阿维尼翁人民给国民议会致信，感谢国民议会宣布阿维尼翁受法兰西王国保护。

12月12日，关于贝尔吉克军队暴行的法令颁布。

12月13日，关于在一种小银币上盖章的法令颁布。

12月14日，关于父母一方可能是罗马天主教徒，另一方可能是新教徒的子女的法令颁布。

12月15日，关于鲁昂医院的法令颁布。

12月16日，关于神职人员收入的法令颁布。

12月17日，国民议会下令向国民自卫军分发五万支枪支。

12月18日，关于买断封建权利的法令颁布。

12月19日，关于艾克斯爆发的令人沮丧的普遍骚乱的报告发布。

12月20日，国民议会要求派一个常规团到艾克斯。

12月21日，国民议会下令为《埃米莉亚》的作者立一座雕像，并由国家出资扶养其遗孀。

12月22日，安得侯爵第二次成为议长。关于主要神学院和神父的法令颁布。

12月23日，关于国民自卫军佩戴纽扣的法令颁布。

12月24日，关于国库中烧毁的财产的法令颁布。

12月26日，路易十六向国民议会递交了自己对民事政府神职人员法令的批准。

12月27日，关于杰出基金会付款的法令颁布。

12月28日，国民议会规定在各城设立治安法官和管理商业的法官。

12月29日，国民议会规定为瑟堡的工事提供十万里弗。

12月30日，奖励任何有用发现的发明者的法令颁布。

12月31日，关于海军晋升的法令颁布。

1791年1月

1月1日，国民议会决定各兵种军官在部队服役二十年以上应当取得兵役荣誉标志。

1月2日，关于刑事诉讼程序的法令颁布。

1月4日，被委派到国民议会的神职人员必须表明他们是否要宣誓。

1月5日，国民议会讨论了陪审团问题。

1月6日，关于爱国捐献收集人的法令颁布。

1月7日，关于情报办公室的法令颁布。

1月8日，关于在公证人文书上加盖印章的法令颁布。

1月9日，对专利持有人给予赔偿的法令颁布。

1月10日，关于木材的法令颁布。

1月11日，关于铸造价值一千五百万里弗的银币的法令颁布，银币的面额分为十五便士和三十便士。

1月12日，之前木材法令的附加条款发布。

1月13日，国民议会规定，必须获得多数票才能成为主教和副主教。

1月15日，国民议会报告克莱蒙托夫在1648年给大孔代路易·德·波旁的捐赠情况。

1月16日，格雷瓜尔神父成为议长。

1月17日，国民议会规定，已加入国民自卫军的正规军军官应视为国民自卫军正式成员。

1月18日，国民议会规定对塞内加尔开放自由贸易。

1月19日，国民议会进一步颁布关于陪审团的法令。

1月20日，国民议会对在贝福特动乱中受到谴责的皇家列日团和劳桑团的行为进行了辩解。

1月21日，海事刑法颁布。

1月23日，针对陪审团问题进一步颁布法令。

1月24日，消息传来，圣多明戈岛上又发生了新的动乱。

1月25日，国民议会辩论某些税收问题。

1月26日，国民议会通过法律，执行与神职人员宣誓关于的法令。

1月27日，国民议会规定在巴黎设立商业法庭。

1月28日，针对在阿尔萨斯享有封建权利的诸侯的问题，神圣罗马帝国皇帝利奥波德二世致信国王路易十六。

1月29日，米拉波侯爵维克托·德·日奎提成为议长。安德烈·德西尔斯的半身像已呈交国民议会。

1月30日，蒙莫兰伯爵向国民议会提交了已进行公民宣誓的法兰西王国驻外国宫廷大使的名单。

1月31日，关于艺术家报酬和适当奖赏的法令颁布。

1791年2月

2月1日，国民议会要求路易十六派三个代表到圣多明戈岛，以恢复那里的秩序。

2月2日，关于清理办公场所的法令颁布。

2月3日，特鲁维尔侯爵向国民议会介绍了一种能把水引到五百英尺以外地区的机器。

2月4日，国民议会讨论了陪审团的问题。

2月5日，国民议会规定享有俸禄的神父必须进行公民宣誓。

2月6日，国民议会要求特别财政局提供八千万里弗以作为不同部门的开支。

2月7日，最后一个关于陪审团的法令颁布。

2月8日，国民议会规定，之前不服从命令的副神父如果能进行公民宣誓，将得到五百里弗的抚恤金。抚恤金自宣誓之日起发放。

2月9日，路易十六被请求委托一艘船去寻找拉佩鲁斯伯爵。

2月10日，教友派代表参加国民议会。

2月11日，国民议会报告了阿尔萨斯动乱的情况。关于废止法庭法官的法令颁布。

2月12日，国民议会规定可以自由发展烟草文化。

2月13日，关于国家宪兵的法令颁布。

2月14日，让·路易·迪波尔成为议长。

2月15日，国民议会报告残疾人住所的情况。

2月16日，关于取缔监狱长的法令颁布。

2月17日，巴黎公社要求立法取缔公共赌场。

2月18日，财政委员会报告1791年的开支。

2月19日，禁止入境的法令颁布。

2月20日，路易十六通知国民议会他的姑姑们离开了。

2月21日，国民议会计划制订针对移民的法律。

2月22日，禁止封建阶级差别的法令颁布。

2月23日，国民议会报告尼姆暴乱的情况。

2月24日，阿尔奈·勒杜克向市政当局口头描述了在尼姆逮捕国王的姑姑们的过程。

2月25日，国民议会讨论了一项关于王朝住宅的法令。

2月26日，关于治安法官的法令颁布。

2月27日，关于法庭的法令颁布。

2月28日，许多人从巴黎返回万塞讷并拆除了万塞讷的护墙。四百名贵族佩带匕首等回到杜伊勒里宫。国王路易十六命令这些贵族放下武器。

1791年3月

3月1日，诺阿耶侯爵成为议长。关于烟草的法令颁布。

3月2日，关于专利权的条款进一步发布。

3月3日，国民议会规定，凡非庆祝宗教活动所必需的教会餐盘应送至莫诺伊旅馆。

3月4日，关于法兰西王国元帅和镇压国民自卫军的法令颁布。

3月5日，取缔农民总办事处的法令颁布。

3月6日，关于行政机关的法令颁布。

3月7日，关于纽芬兰海岸鳕鱼业的法令颁布。

3月8日，在杂志上销售盐和烟草的法令颁布。

3月9日，国民议会规定，所有因叛国罪而被监禁的囚犯都将被送往奥尔良监狱。

3月10日，国民议会规定财政管理人员应由国王任命。

3月11日，关于豁免什一税的法令颁布。

3月12日，孟德斯鸠侯爵安尼-皮埃尔成为议长。废除诺曼法律的法令颁布了。

3月13日，蒙莫兰伯爵向国民议会报告了他与在阿尔萨斯拥有封建世袭权的诸侯的谈判。

3月14日，戈贝侯爵被提名为巴黎主教。

3月15日，国民议会废除1648年克莱门图瓦转让给孔代家族的领地。

3月16日，关于捐献领地和个人财产的法令颁布。

3月17日，国民议会进一步颁布关于享有薪资的神父的法令。

3月18日，关于从法兰西王国殖民地进口货物的法令颁布。

3月19日，杜埃发生骚乱的消息传来。

3月20日，夏尔·拉梅斯以母亲的名义捐给国民议会六万里弗，以便让母亲的名字出现在贵族名录上。

3月21日，关于杜埃事件的法令颁布。

3月22日，禁止女性摄政的法令颁布。

3月23日，三千名残疾人参加国民议会。国民议会希望这些残疾人能亲眼见证与自己相关的法律通过。

3月24日，国民议会规定，向希望离开医院的伤残士兵发放二百二十七里弗抚恤金。

3月25日，国民议会规定法兰西王国的继任国王必须年满十八周岁。

3月26日，国民议会统一度量衡。

3月27日，关于矿山的法令颁布。

3月28日，关于公务人员居住地点的法令颁布。

3月29日，图卢兹再次发生暴乱的消息传来。

3月30日，弗朗索瓦·丹尼斯·特龙谢成为议长。米拉波伯爵生病。

1791年4月

4月1日，国民议会针对继承权展开辩论。

4月2日，米拉波伯爵逝世。国民议会通过一项法案，为米拉波伯爵进行为期八天的哀悼。

4月3日，国民议会规定，圣吉纳维芙的新建筑必须接收公认的杰出人士的遗体。

4月4日，米拉波伯爵在大家的惋惜和爱戴中下葬。他是首个被安葬在这个纪念伟大人物的地方的。

4月5日，兰盖和圣马克的一些居民出现在法庭。

4月6日，关于政府机构的辩论展开。

4月7日，国民议会规定，国民议会议员在离开立法机构四年后才可以从政。

4月8日，国民议会禁止国民议会议员在四年之内获得行政权。

4月9日，关于硬币的法令颁布。

4月10日，关于行政组织的法令颁布。

4月11日，关于大臣的工资和退休时所得退休金的法令颁布。

4月12日，清算之前王室领地的债务的法令颁布。

4月13日，根据热拉尔神父的提议，国民议会废除了要求交纳生育税的封建权利。

4月14日，国民议会规定交易代理人有提供专利的自由。

4月15日，关于受俸禄神父的法令颁布。

4月16日，关于辅助部队十万名士兵军饷的法令颁布。

4月18日，夏尔·沙布鲁德成为议长。路易十六出发去圣克劳宫时，被要求他去巴黎的人民拦住了。

4月19日，路易十六来到国民议会，他抱怨人民反对他去圣克劳宫。

4月20日，关于自由人和监狱长的法令颁布。

4月21日，拉斐特侯爵辞职。六十个营的人集合起来，大声呼喊，要求拉斐特侯爵继续作为他们的将军指挥军队。几天后，拉斐特侯爵屈服于士兵们的恳求。

4月22日，让-安托万·乌东向国民议会展示米拉波伯爵的半身像。

4月23日，路易十六告知外国势力，他坚决宣誓支持宪法。

4月25日，鲁贝尔侯爵成为议长。国民议会报告圣多明戈可怕的动乱。

4月26日，拉博·德·圣艾蒂安向国民议会提出发放面值为五里弗的指券的建议。

4月27日，国民议会辩论国民自卫军的组织形式。

4月28日，拉斐特侯爵以国民自卫军的名义向国王致辞，赞扬国王向全世界宣布法兰西人民权利的宽宏行为。

4月29日，国民议会允许正规军出现在制宪会议上。

1791年5月

5月1日，城市的壁垒被打开了，法兰西王国境内各个城市之间不需要再交入境税。

5月2日，关于阿维尼翁回归法兰西王国的辩论展开。

5月3日，国民议会继续辩论阿维尼翁回归法兰西王国的问题。

5月4日，国民议会暂停讨论阿维尼翁回归法兰西王国的问题。

5月5日，关于小面额指券的辩论展开。

5月6日，国民议会要求发行一亿小面额的指券。

5月7日，国民议会允许不愿进行公民宣誓的神职人员在不宣讲违反法律的情况下在特定教堂担任神职。

5月8日，安得侯爵担任议长。关于财政部门组织形式的法令颁布。

5月9日，关于财政部门的法令进一步颁布。

5月10日，国民议会禁止教皇授予法兰西王国臣民所有许可。

5月11日，国民议会辩论殖民地问题。

5月12日，国民议会继续辩论殖民地问题。

5月13日，国民议会规定，除应殖民地议会要求外，国民议会不得制订任何关于奴隶的法律。

5月14日，聋哑人塞纳先生向国民议会献上了米拉波伯爵的半身像。

5月15日，国民议会允许父母为自由人的有色人种参加教区集会，将来也可以参加殖民地集会。

5月16日，国民议会规定，在即将举行的国民议会选举中，国民议会的成员没有资格参加选举。

5月17日，允许买卖金银的法令颁布。

5月18日，国民议会辩论立法机构的组织形式。

5月19日，国民议会通过了一项法令，允许立法机构的成员在随后的选举中有被选举的资格，但规定间隔两年后他们才能再次当选。

5月20日，国民议会讨论铜币的问题。

5月21日，与小面额指券关于的法令颁布。

5月22日，比罗·德·普西担任议长。

5月23日，阿维尼翁市政当局真诚地敦促国民议会就阿维尼翁的暴乱乱制订一项明确的法令。当时阿维尼翁的暴乱比之前任何时候都糟糕。

5月24日，阿维尼翁重回法兰西王国的计划被否决。

5月25日，路易十六被请求派遣调解人到阿维尼翁。

5月26日，国民议会规定，卢浮宫和杜伊勒里宫将被指定为国王的住所，并作为科学和艺术纪念品的收藏地。

5月27日，将领地三亿里弗的捐赠及个人财产细分的提议被采纳。

5月28日，关于主要集会的法令颁布。

5月29日，路易十六被要求将国民议会的指示送交殖民地。

5月30日，国民议会宣布，伏尔泰的遗体应被转移到伟人的圣地加以纪念。

1791年6月

6月1日，国民议会规定，实施死刑时不得加以酷刑。

6月2日，在西亚廷斯，人们对神职人员的不服从感到愤怒。

6月3日，关于刑法典的法令进一步颁布。

6月4日，关于违法者财产的法令进一步颁布。

6月5日，针对在南锡平乱及攻占巴士底狱时阵亡的国民自卫军士兵，国民议会会考虑补偿他们的妻儿。

6月6日，奥奇侯爵担任议长。关于刑法典的法令进一步颁布。关于承担法律责任年龄的法令颁布。

6月7日，关于危害法兰西王国内部安全罪的法令进一步颁布。

6月8日，国民议会继续讨论违宪罪。

6月9日，国民议会规定，如未获立法机关通过并经国王批准，凡来自罗马教廷的简报、法令和诏书均视为无效。

6月10日，国民议会报告军队纪律散漫问题。

6月11日，国民议会命孔代亲王路易二世·德·波旁两个星期内出现在法兰西王国。

6月13日，关于立法机构附加条款的法令颁布。

6月14日，关于各部门和地区的法令颁布。

6月15日，关于刑法典的法令进一步颁布。违反法律的法令颁布。

6月16日，一些年轻的公民出现在法庭上，以上帝的名义宣誓他们准备为保卫自己的国家而牺牲。

6月17日，关于刑法典的法令进一步颁布。关于可能担任政府公职的违法者的法令进一步颁布。

6月18日，巴斯蒂亚起义的消息传来。

6月19日，亚历山大•博阿纳担任议长。

6月20日，对东印度贸易商品征税的法令颁布。

6月21日，路易十六带着所有王室成员逃离巴黎，信使立即被派往法兰西王国各地。所有人武装起来，国民议会继续开会，内阁大臣被赋予行政权。

6月22日，在逃亡者换马的时候，圣梅内霍尔德镇的驿站长记起路易十六当时一定在场，便立刻通知了市政当局，市政当局立刻将消息送至瓦雷纳。国民自卫军立刻集结。龙骑兵被缴械，路易十六的马车被扣留。

6月23日，国民议会派遣拉图尔议员、马布尔议员、贝特松议员和巴纳夫议员到瓦雷纳，护送路易十六回来。

6月24日，国民议会解除布耶侯爵的军职。

6月25日，路易十六和王室成员在众多警卫的护送下返回巴黎，与此同时，街道上挤满了人，他们一言不发、秩序井然。

6月26日，在瓦雷纳拦住国王路易十六马车的尼古拉•勒布朗和夏尔•迪韦宁来到国民议会。

6月27日，国王路易十六和王后玛丽•安托瓦内特派来发言的三个代表向国民大会报告了他们被接待的情况。

6月28日，关于为王位继承人提名监护人的法令颁布。

6月29日，关于刑法典的法令进一步颁布。

6月30日，与正规军标准关于的法令颁布。

1791年7月

7月1日，国民议会得知路易十六的弟弟阿图瓦伯爵及其配偶玛丽•特蕾莎•萨瓦到达布鲁塞尔的消息。

7月2日，关于要塞等方面的法令颁布。

7月3日，夏尔•拉梅斯担任议长。尼古拉•卢克纳将军向国民大会提交书面宣誓，他愿意为宪法而生，为宪法而死。

7月4日，国民议会查封会计商会。

7月5日，关于市政法典的法令颁布。

7月6日，穷人救济场所被查禁，滥用这一福利已成为慈善事业的一大丑闻。

7月7日，路易十六得知阿图瓦伯爵在某些场合使用自己的名字后，向国民议会正式否认阿图瓦伯爵的行为。

7月8日，关于惩教警察的法令颁布。

7月9日，国民议会命令逃到国外的法兰西人在两个月内返回，否则要支付三倍的税。

7月10日，西班牙大使向法兰西王国首席大臣证明，西班牙王室倾向于与法兰西王国保持和平。

7月11日，伏尔泰的遗体被转到纪念杰出人物的地方。

7月12日，关于矿山的法令颁布。

7月13日，国民议会报告了布耶侯爵所指挥的部队的情况。

7月14日，一个年轻人用自己父亲画的一幅关于国民议会工作的画来向国民议会表达敬意。

7月15日，国民议会规定，布耶侯爵的案子应由奥尔良的国家高等法院审判。

7月16日，国民议会报告采购部发生的骚乱情况。

7月17日，在战神广场上，两个人被袭击。战神广场戒严，红旗也升起来了。

7月18日，战神广场骚乱的报告发布。禁止扰乱治安的法令颁布。

7月19日，费尔蒙侯爵担任议长。关于农业法和乡村法的法令颁布。

7月20日，关于农业法和乡村法的法律进一步颁布。

7月21日，国民议会规定，原名为纳福步兵团的团和其他外国步兵团采用法兰西王国军队的制服和武器。

7月22日，迪韦里耶向国民大会叙述了他与出逃亲王们的会谈。

7月23日，国民议会报告科省的骚乱。

7月24日，关于军官离职的法令颁布。

7月25日，关于职位已被解除的人的法令颁布。

7月26日，关于公众力量的法令颁布。

7月27日，德斯帕格纳克先生因桑塞尔庄园一事受到国民议会的严厉询问。

7月28日，关于国民自卫军组织形式的法令颁布。

7月29日，针对伪造指券行为的法令颁布。

7月30日，关于舍瓦利耶秩序的法令颁布。

7月31日，关于德意志诸侯对法兰西王国的敌对行为的报告发布。

1791年8月

8月1日，安得侯爵担任议长。派往北部边疆调查情况的代表向国民大会宣布，北部边疆处于良好防御状态。

8月2日，布里罗贝尔县出现骚乱。

8月3日，国民议会规定，在重金属和铜混合的基础货币上盖章。

8月4日，关于军事组织的法令进一步颁布。

8月5日，雅克·纪尧姆·图雷向国民议会宣读法兰西王国宪法。

8月6日，巴黎市政府取下了之前挂起的红旗，竖起了白旗，作为公共秩序恢复的信号。

8月7日，关于农业法和乡村法的法令进一步颁布。

8月8日，关于审查宪法的辩论展开。

8月9日，关于法兰西王国行政区域划分的辩论展开。

8月10日，国民议会讨论公共权力问题。

8月11日，国民议会讨论司法秩序。

8月12日，国民议会讨论选举集会。

8月13日，国民议会讨论摄政和王室问题。

8月14日，国民议会讨论国王批准权问题。

8月15日，杜邦侯爵担任议长。关于颁布法律的辩论展开。

8月16日，寄信和邮件要交税。

8月17日，根据有色人种的法令所做的关于圣多明各交易情况的报告发布。

8月18日，国民议会报告莱茵河上游和下游的边境处于防御状态。

8月19日，关于封建世袭官职的辩论展开。

8月20日，有报道说卡昂拥护宪法的人拆毁了该镇的路易十四雕像。

8月21日，布朗什朗德子爵菲利普·鲁克塞尔通知国民议会，关于有色人种的法令已经给圣多明戈人带来恐怖和绝望。

8月22日，关于个人自由的法令颁布。

8月23日，针对媒体错误报道的法令颁布。

8月24日，国民议会通过了关于国王安全的宪法法令。

8月25日，国民议会通过了一项宪法法令，规定王室成员不得担任仅由人民可以担任的职位。

8月26日，国民议会规定，所有在已经关闭的教区教堂里发现的黄铜和铜都要运到莫诺伊旅馆。

8月27日，国民议会规定，让·雅克·卢梭值得作为杰出人物纪念。

8月28日，关于维护军纪的法令颁布。妇女们向国家提供银饰品和其他用来庆祝圣路易节的装饰品。

8月29日，国民议会规定，去除所有房屋和钱箱上王室专款的印章。

8月30日，关于召开全国代表大会的辩论展开。

8月31日，国民议会规定偿还大律师事务所律师的费用。

1791年9月

9月1日，关于向国王提交宪法法案方式的法令颁布。

9月2日，国民议会确定公众庆祝日，以纪念法兰西大革命。

9月3日，宪法制定完成。一个由六十人组成的代表团被派去谒见国王路易十六。

9月4日，国民议会报告国王接受宪法法案的方式。

9月5日，国民议会规定，圣丹尼斯修道院财富应交给内阁。

9月6日，关于法兰西王国所有大路上的驿站作用的法令颁布。

9月7日，国民议会报告财政接收人的责任。

9月8日，国民议会继续讨论财政接收人责任的问题。

9月9日，国民议会报告了大革命前、革命中及革命后的财政状况。

9月10日，路易十六派往阿维尼翁的代表在国民议会的法庭上陈述了他们的成功。

9月11日，各行政部门和各地区的替代选择被否。

9月12日，雅克•纪尧姆•图雷担任议长。国民议会报告了阿维尼翁的情况。

9月13日，路易十六写信给国民议会说他接受宪法。法兰西大革命中的所有事件及国王的离开都将既往不咎。

9月14日，国民议会规定，阿维尼翁和孔塔-维纳菲尼都是法兰西王国的组成部分。路易十六在国民大会上签署宪法，宣誓用他的一切权力支持和捍卫宪法。

9月15日，国民议会规定，应向整个法兰西王国宣布国王的庄严声明，并释放所有因欠债而被关押的囚犯。

9月16日，国民议会规定将于1792年1月1日起使用陪审团。

9月17日，关于鼓励艺术家的法令颁布。

9月18日，国民议会规定司法人员新的组织形式。普天同庆，人们深受启发。

9月19日，国民议会规定，1791年9月30日解散制宪议会。

9月20日，奥尔良临时法庭被取缔。

9月21日，让•雅克•卢梭的遗体将留在吉拉尔丹山。

9月22日，圣母院的教堂里响起圣歌，感谢路易十六接受宪法。

9月23日，国民议会规定，任何签署协议反对宪法的人不得进入任何公共部门任职。

9月24日，关于殖民地的宪法法令颁布。

9月25日，国民议会规定，新的立法机构应于1791年10月1日开始工作。

9月26日，关于公立学校教师的法令颁布。

9月27日，国民议会取缔商会。

9月28日，国民议会规定，有色人种不管信何种宗教，只要遵守法律，便可享有法兰西王国宪法规定的一切特权。

9月29日，路易十六被要求授予国民议会一幅画，画中要出现他向儿子诺曼底公爵提交宪法法案的情景。关于爱国协会的法令颁布。

9月30日，制宪议会结束使命。路易十六来到国民议会并致辞。议长雅克·纪尧姆·图雷宣布，制宪议会已完成使命，即刻解散。

考据 王室出逃始末

国民议会越来越躁动，每天都会传出新的流言。有人说，逃亡贵族在欧洲各国军队的支持下，已做好入侵法兰西王国的准备。他们要用剑和鲜血摧毁革命的法兰西王国。这种流言掀起了轩然大波。路易十六和玛丽·安托瓦内特王后决定逃出法兰西，召集军队，实施报复的计划。

在国民议会，在城市的街道，愤怒的演讲随处可见。饥肠辘辘、无所事事的人民被这些演讲激怒。让-保尔·马拉声嘶力竭地喊道："市民们，用你们鹰一般的眼睛看啊，在敌人的老巢中，在宫廷里，反对人民的阴谋正在酝酿。背信弃义的王后对徒有虚名的国王指手画脚。他们养育着残暴的狗崽子。无法无天的神职人员为即将杀戮人民的军队祈祷，而他们的守护神就是王后。逃亡贵族在复仇的念头的激励下，每晚带着匕首潜入宫廷。他们是手拿匕首的'骑士'，是屠杀人民的刽子手。为什么不没收逃亡贵族的财产，烧毁他们的房屋，悬赏缉拿他们？看啊！看啊！决定结局的斗争即将来临。如果我们不迅速展开反击，人民和自由都将湮灭。"

路易十六和玛丽·安托瓦内特王后在监牢般的房间里听到这些愤怒而极具煽动性的演讲，一致认为，如果再不离开法兰西王国，他们就没有机会了。众所周知，路易十六的弟弟阿图瓦伯爵奔走欧洲各国宫廷寻求帮助，希望救出被囚禁

科布伦茨

的法兰西王室成员。玛丽•安托瓦内特王后的兄长——神圣罗马帝国皇帝约瑟夫二世承诺派遣一支三万五千人的军队与科布伦茨的逃亡贵族会合。欧洲各国王室都惊恐不已。如果法兰西大革命取得胜利，他们的王权统治会岌岌可危。西班牙王国、普鲁士王国、那不勒斯王国、撒丁王国和瑞士联邦都承诺派遣相同数量的军队帮助路易十六。这些事情再次激发了法兰西人民空前的愤怒。法兰西大革命的领导者也意识到，在这场斗争中，失败的结果只能是死亡。

路易十六终于决定逃离，但他宣称与逃亡贵族会合、联合外国军队入侵法兰西绝非自己的本意。相反，他反对逃亡贵族的行为，认为这样做只会激起人民反对王权的决心，将他的统治置于险境。他还宣称，自己只想离开充满暴力和危险的巴黎，前往法兰西王国边境，那里有人向他效忠。他将努力解决国家目前面临的困难。后世认为路易十六的性格或许决定了他的思想。

还有一件事情困扰着路易十六。逃亡贵族为谋私利，以路易十六失去自由的理由宣称王位空置，并拥戴路易十六的弟弟阿图瓦伯爵为摄政王。路易十六担心逃亡贵族会打着营救王室成员的幌子逼自己退位。他认为打着阿瓦图伯爵旗号的军队会立刻使自己和自己的家庭陷入绝境。逃亡是唯一可行的计划，但也可能带来最恐怖的灾难。路易十六和玛丽•安托瓦内特王后考虑了八个月，那是一段漫长而痛苦的时光。他们眼见形势日渐危急，反对者的仇恨与日俱增，而他们逃跑的机会也越来越渺茫。

逃跑计划终于敲定。王室成员化妆后，于午夜乘两辆马车离开巴黎，前往法兰西与德意志边界的蒙梅迪。蒙梅迪距巴黎两百余英里，属于法兰西王国。因此，人们不能指责路易十六叛逃。方便快捷的道路都要经过路易十六加冕的城市兰斯。路易十六担心遇到认识的人，因此决定绕路走小道。替换的马匹已经秘密运往沿途经过的小村庄。马车已经准备就绪。重要据点将有小股军队驻扎，防止农民骚扰。路易十六为自己和家人秘密建造了一辆大马车，其他人将乘坐另一辆马车。

布耶侯爵是这次行动的策划者和实施者，负责指挥一批忠于路易十六的龙骑兵。他曾极力奉劝路易十六调整计划，但没有成功。布耶侯爵建议路易十六不要使用特制马车，改用路上常见的普通马车，以防引起怀疑。他恳求路易十六走普通的大路，保证随时都有可替换的马匹。他告诉路易十六，如果走不常用的路

布耶侯爵

线，就得在小村庄安排替换的马匹，这种反常的做法一定会招来人们的怀疑和询问。他建议龙骑兵不要在荒芜的地方驻扎，否则会引来人们的好奇，进而导致敌对分子的怀疑。路易十六不愿接受这些建议，坚持按自己的计划行事。他要带上达古尔特侯爵。这位侯爵性格坚毅、精力充沛，可以提出迎合路易十六态度的建议，处理妨碍出逃的种种问题。路易十六最终还是极不情愿地同意了奥地利军队向边界靠近的要求，这样随他出逃的龙骑兵就有了在途经村庄驻扎的理由。

布耶侯爵利用种种借口，将路易十六逃跑路线上不忠于王室的军队调离驻地，换上效忠王室的军队。一切安排就绪后，他派亲信勘察道路，写成报告呈给路易十六。

在杜伊勒里宫，仅有极少数几个人知道秘密逃亡的计划，他们是国王路易十六、玛丽•安托瓦内特王后、路易十六的妹妹伊丽莎白夫人和两三个卫兵。来

伊丽莎白夫人

小特里亚农宫

自瑞士的小阿克塞尔·冯·费尔森伯爵富有贵族精神，他甘愿冒险负责此次危险活动的外围工作。当初，小阿克塞尔·冯·费尔森伯爵是小特里亚农宫聚会和庆典的常客。时光在这些聚会中快乐地流逝。骑士精神和对玛丽·安托瓦内特王后的崇拜让小阿克塞尔·冯·费尔森伯爵勇于冒险。三名忠诚的龙骑兵也义无反顾地投身于这项胜算不大的事业，毕竟失败就意味着死亡。他们化装成仆人跟在马车后保卫王室成员。

1791年6月20日，夜晚终于来临。决定命运的时刻一点点逼近，王室成员在杜伊勒里宫心潮难平。20日23时，他们依惯例告别前来拜访的朋友，遣散仆人，做出回寝室睡觉的样子。确定四周无人后，他们用颤抖的手迅速穿上为逃亡准备的衣服，乔装改扮后，分别在不同时间、从不同的通道离开杜伊勒里宫。伸手不见五指的午夜，只有微弱的灯光闪烁着。街道不得清闲，还有三三两两的人路过。

玛丽·安托瓦内特王后身穿便装，一边扶着龙骑兵的手臂，一边牵着女儿穿

卡鲁索广场

过杜伊勒里宫的后门，跑到卡鲁索广场后迷了路，只得从罗亚尔港渡过塞纳河，在昏暗的街道上徘徊了一阵，才找到两辆停在剧院码头的出租马车。路易十六带着小儿子路易•夏尔用同样的方式离开杜伊勒里宫。他也在人迹罕至的街道迷了路。路易十六与路易•夏尔到达时，玛丽•安托瓦内特王后已心急如焚地等了半个小时。大家到齐后登上马车。小阿克塞尔•冯•费尔森伯爵扮作马夫跳上马车。

马车在巴黎的道路上疾驰，载着王室成员悄无声息地离开了宫殿。显赫的逃亡者在危险的处境中紧张不已，一路无语，在黑暗中牵着彼此的手，安静地坐着。过去忧伤的记忆在每个人的心头萦绕，他们担心清晨的曙光会带来新的灾难。在沉默和忧伤中度过几个小时后，马车到达离开巴黎的第一站——邦迪。当清晨的第一束灰暗光线在东方出现时，王室成员匆匆换上等候他们的另外两辆马车，其中有一辆是路易十六定制的大旅行马车。小阿克塞尔•冯•费尔森伯爵亲吻路易十六和玛丽•安托瓦内特王后手背后离去。按照计划，路易十六和玛丽·安托瓦内特王后要带领随从走另一条线路，在晚间抵达布鲁塞尔，之后再和其他王室成员会合。

路易十六的豪华马车奔向马恩河畔的沙隆，这是逃亡路线上的一个重镇。玛丽·安托瓦内特王后装扮成神圣罗马帝国的男爵夫人，要带着两个孩子返回法兰克福；路易十六扮演男爵夫人的贴身男仆；路易十六的妹妹伊丽莎白夫人扮演男爵夫人的侍女。他们伪造的护照上写着：

> 准许来自科尔夫的男爵夫人携两个子女、一个侍女、一个贴身男仆和三个随从返回法兰克福。
>
> 外交大臣
>
> 蒙莫兰伯爵

沿途的每个驿站都有八匹马等待替换王室成员马车的马匹。太阳从山间缓缓升起，山谷中许多马车疾驰，马车上坐着很多来自巴黎的人。偏僻道路上的罕见景象立刻引起了行人的注意。王室成员在每一个小山村停下来更换马匹时，村民都会聚集在马车周围啧啧称奇。路易十六明白，巴黎的国民议会很快会收到王室成员逃亡的消息，然后立刻调集所有力量实施追捕。因此，他要加速前进，在追捕行动发生之前尽量远离巴黎。遵照路易十六的命令定制的大旅行马车，拉车的八匹马，三个龙骑兵兵的体态，身着仆人制服却表情严肃的保镖，身材臃肿、表情庄严却穿着男仆制服的路易十六——任何状况都会引起他人怀疑，提高他们逃亡的风险。好在他们一路行来，没有遇到任何阻碍。

当逃亡车队到达沙隆马恩附近的蒙米拉伊时，不幸的事情发生了。一辆马车出了故障，修理它耗费了整整一个小时。这一个小时让王室成员非常焦虑。他们都清楚，每过一分钟，被捕的概率就大一些。王室成员在马车修好后再次上路。

初夏的田野绿意盎然，阳光洒在上面，生机勃勃。他们穿过田野时，看到的不再是愤怒的巴黎市民，而是与世隔绝的美景。他们的心情非常愉悦。孩子们经历了不得安眠的夜晚后，在父母的臂弯中平静地睡去。车轮每转动一次都让王室成员离边境更近一点，在那里等待他们的是挚友布耶侯爵和忠于王室的军队。快乐并充满希望的曙光从他们的脸上闪过。

1791年6月21日15时30分，车队抵达沙隆马恩，每个人的脸上都绽放出笑意，大家开始为即将结束的危险旅程庆贺。为马车更换马匹时，几个游民在马车周围聚集。远离首都的路易十六终于有勇气透过马车车窗向外张望。沙隆马恩驿站站长曾经去过巴黎，他帮着车夫驾马车，让车队继续前行，不想引起任何恐慌。他不想成为逮捕国王的共犯。在第二个驿站撒姆瑞勒，马车周围聚集了很多人，他们看上去不安、多疑，仔细地观察着马车上的人，彼此低声交谈着，还做了一些笔记。但没有人敢阻挡马车，马车继续前行。这里本应有五十名轻骑兵接应路易十六，但马车的故障耽误了行程，路易十六没能按时到达这里。轻骑兵察觉到自己引起了周围的怀疑，提前在半小时前离开了驻地。如果路易十六和车队能早到半个小时，他们的安全就有了保障。路易十六没有看到本应出现的轻骑兵，惊讶之余谨慎地向圣默努驿站前进。

这时，太阳落下地平线，余晖仍在山峰和峡谷之间流连。换马时，有人警告路易十六不要与朋友相见，但路易十六还是忍不住从车窗探出脑袋，想看一看有没有熟知的朋友能够告诉他，为什么军队没有及时赶来。圣默努驿站的驿站长让-巴蒂斯特•德鲁埃立刻认出了路易十六，因为眼前的人和硬币上的国王头像十分相似。这个消息很快在人群中散播开来。人们非常兴奋，但没有足够的力量扣留马车。镇子上有一支效忠王室的重骑兵。他们决定，如果人们试图逮捕路易十六，他们就立即采取行动实施营救。

“国王就在那辆马车上！”重骑兵窃窃私语。指挥官立即命令士兵们上马，跟着马车保护国王路易十六。然而，圣默努镇已经被国民自卫军占领，重骑兵的营地也被包围了。国民自卫军锁上马厩，不准重骑兵离开。路易十六对此一无所知，继续向下一站前进。

让-巴蒂斯特·德鲁埃认出路易十六后，骑马以最快的速度赶往瓦雷讷驿站。他希望赶在路易十六抵达瓦雷讷前将消息传递给市议会，方便市议会召集足够的兵力逮捕逃亡者。一个重骑兵看到让-巴蒂斯特·德鲁埃离开，立即上马追赶，想追上他之后将他扣押或处死。但让-巴蒂斯特·德鲁埃发现有人跟踪自己，便跳入树林，选择了一条熟悉的小路继续前进。他在夜幕的掩护下甩掉了跟踪自己的人，比路易十六提前两个小时抵达瓦雷讷。让-巴蒂斯特·德鲁埃将自己的怀疑告诉了一群年轻人。这些年轻人想独占逮捕王室成员的荣誉，因此没有通知市议会，也没有叫其他人。他们拿起武器埋伏起来，想抓住路易十六一行人。这时，王室成员在连续赶路二十四小时后，疲惫、焦虑地抵达了位于瓦雷讷远郊的房子。他们满怀信心地希望在这里看到布耶侯爵准备的护卫队和替换的马匹。

一条穿过瓦雷讷的小河将小城分为上城区和下城区两部分，小河上的一座小桥连接各个村庄。出于某种误解，路易十六以为可以在下城区为马车换马，但马都在上城区。如果马车继续全速前进，他很容易就能找到马，调整好马车后继续赶路。但路易十六和玛丽·安托瓦内特王后在下城区没有找到马，便怀着纷乱的心情跳下马车，在荒芜、沉寂的街道上游荡了半个小时。他们在痛苦和焦虑中返回马车，决定渡河，希望在上城区找到马和他们的朋友。石头建的小桥，桥面非常狭窄。小桥的入口处有一个巨大的幽暗的拱门。这个拱门作为封建制度的遗迹，见证了小城里几个世纪的风风雨雨。而让-巴蒂斯特·德鲁埃和他的伙伴们正是在这个拱门下设下了埋伏。路易十六的马车还未进入幽暗的通道，就发现前方有大车倾覆。他只得叫停马车。此时，冒出几个全副武装的人，他们抓住马头，命令王室成员下车并出示证件。三个龙骑兵手持武器，打算牺牲自己让路易十六的马车冲过去。但路易十六不允许任何人受伤。让-巴蒂斯特·德鲁埃和另外几个人调转马头，直奔杂货店。杂货店店主叫索西。同时有人奔向教堂爬上钟楼敲响了钟。钟声惊醒了沉睡的市民。很快，人们惊恐地来到杂货店门前围住了马车。路易十六的特征出卖了自己。这是一个充满喧闹的夜晚。人们在马车周围乱跑，拿着武器，准备随时应对紧急事件。不眠和奔波让逃亡的王室成员筋疲力尽。路易十六最终鼓起勇气向市议会的人请求宽恕。他握着索西的手说：

> 是的，我是你的国王。我、我的妻子、我的妹妹和我的孩子，我们的命运都在你的手上。我的生命和这个王国的命运也要仰仗你。请准许我继续这段旅程。我没有打算离开我的国家。我只是要去边境的一个小镇。我在巴黎遭人软禁，只有在军队的保护下，我才能重获真正的自由。我希望在边境的小镇上与被恐惧笼罩的国民议会谈判。我不是要废除宪法，而是要拯救和保护它。你如果逮捕我，就会让我和法兰西人一同迷失。作为父亲，作为男人，作为法兰西王国的公民，你都应该让路。一个小时后，我们和法兰西王国都将获救。作为你的主人，我希望你尊重我；作为你的国王，我命令你让我们离开。

路易十六的请求打动了索西，也打动了围绕在他身边的人。许多人流下了眼泪。他们流露出犹豫的神情。平心而论，他们愿意放路易十六过去。很难想象会有比这更感人的情景。6月21日午夜，火把和蜡烛闪烁着昏暗的光线，钟急促的声音划过寂静的夜空，久久不停歇。衣冠不整的农民和工匠聚集在小酒馆。路易十六站着向臣民乞求自由和生命。他这样做不是为了自己，而是为了妻子和两个孩子。孩子们枕着父母亲的臂弯，突然从睡梦中惊醒。他们又累又怕，看着眼前奇怪的景象，心中的恐惧不可言喻。他们不知道自己的处境有多危险。玛丽·安托瓦内特王后坐在杂货店的货物上，与孩子们紧紧依偎在一起。她流着绝望的泪水，带着与生俱来的尊严乞求同情和正义。她希望索西的妻子有一颗善良的心，哀求道：“你是一位妻子，也是一位母亲。另一位妻子和母亲的命运就握在

路易十六一家在瓦雷讷被捕

你的手里。想一想我为丈夫和孩子经历的一切。只要你一句话，所有功劳都属于你。你对法兰西王后的恩情胜过她的生命。”

索西自私、精明的妻子回答道：“如果没有风险，我很乐意帮助你。你为你的丈夫着想，我为想我的丈夫着想。妻子的首要任务就是为自己的丈夫着想。”

所有努力无济于事。玛丽·安托瓦内特王后牵着两个孩子，与伊丽莎白夫人一同上楼，来到杂货店二楼的房间。她在这里可以避开人们的视线。

关于逮捕路易十六的消息已经送达巴黎。周边的居民都来到了瓦雷讷。国民自卫军的士兵都憎恨路易十六，很快从四面八方赶来，在瓦雷讷会集。街道上设置了路障，防止忠于王室的士兵前来营救。时间就这样一点点流逝，令人窒息。6月22日清晨，越来越多的人来到瓦雷讷。他们在彼此的鼓励下变得更加粗暴、残忍。人们不停地诅咒、谩骂和侮辱被捕的逃亡者。玛丽·安托瓦内特王后经历了愤怒、恐惧和绝望，忍受了常人难以想象的巨大心理折磨。

这一夜多么漫长啊！路易十六被拘禁在瓦雷讷的杂货店。他万分焦虑，时刻盼望着布耶侯爵派兵前来营救。但国民自卫军都支持革命，并且人数众多。路易十六已经失去了重获自由的希望。

太阳照在瓦雷讷的上空，也照在沮丧的路易十六身上。路易十六了解自己的处境，已经不再抱有任何希望。街道上充斥着愤怒的人们，他们从四面八方赶来，聚集在杂货店前。路易十六的孩子们在疲惫中沉沉睡去，他的妹妹伊丽莎白夫人是全世界最温柔的人。她在一生经历的所有考验中都显示出天使般的爱心。她不顾自己的安危，诚挚地为路易十六和玛丽·安托瓦内特王后祈祷，希望他们能够得到救助。

为避免布耶侯爵得知路易十六被捕的消息后派人来营救，国民议会迅速完成了押送王室成员到巴黎的准备工作。路易十六极力拖延以便推迟出发时间。当所有人被押往马车时，玛丽·安托瓦内特王后的一个随从假装生了重病。但人们早已等得不耐烦，不允许任何拖延。他们一边叫喊，一边恐吓着将王室成员推入马车。几千名国民自卫军士兵护卫着这段令人忧伤的行程，他们后面跟着许多百姓，人数在行进的途中不断增加。

马车朝巴黎缓慢前进。王室成员在艰难的旅程中饱尝愤怒的敌人给予他们的羞辱，刚刚丢弃不久的恐惧情绪又回到了他们心头。道路两侧挤满了人。人们嘲笑着、用粗鄙的姿势侮辱着逃亡失败的可怜人。马车昼夜不息，吃饭和休息的时间加起来不超过一个小时。王室成员忍受着常人无法承受的折磨。马车每前进一步，他们就被卷入新的诽谤的浪潮中。人们的愤怒让国民自卫军士兵担心自己很难确保王室成员的安全。人们一次次涌向马车，一次次被全副武装的士兵击退。路边一位习惯向王室行礼的老人看到如此凄凉的情景，难免心生悲痛。他脱下帽子，露出花白的头发，礼貌地向王室成员鞠躬，用悲悯的语调说了些什么。愤怒的人们像狮子一样扑向老人，在路易十六和玛丽·安托瓦内特王后的眼前将他杀害。押送王室的车轮几乎要从老人鲜血淋漓的尸体上轧过。

队伍行进到最后，遇到了国民议会的代表们，他们被派来迎接路易十六。

国民自卫军士兵押送路易十六一家返回巴黎

安托万·皮埃尔·巴纳夫和热罗姆·佩蒂翁·德·维尔纳夫对人们的残暴行为感到十分羞愧，他们走进王室成员乘坐的马车，同王室成员一起面对危险。巴纳夫和维尔纳夫虽然可以抵挡死亡，但无法制止人们对王室成员的侮辱和暴行。王室成员悲伤地前进时，一位受人尊敬的神父靠近马车，他的脸上流露出对王室成员的尊敬和同情。这在精神上冒犯了人们，人们不能忍受神父对王室流露同情。他们冲向了手无寸铁的神父。如果不是巴纳夫及时、积极干预，神父也会被杀死在路上。他从车窗边向外喊道："法兰西啊，你的子民该是勇敢的士兵，难道他们要变成滥杀无辜的屠夫吗？"这位具有贵族精神的年轻人对可怜的国王一家表示同情，也因此赢得了国王一家对他的感激。维尔纳夫则正好相反，他生性粗鲁、野蛮。更糟糕的是，作为一个民主主义者，他对待王室成员非常残暴粗鲁。维尔纳夫轻蔑地躺在马车的座位上吃着西瓜和苹果。不知是不是有意为之，当他将苹果核扔向窗外时，苹果核居然碰到了路易十六的脸上。从他的言行中不难看出，他以伤害王室成员的尊严为乐。

越靠近巴黎，马车边聚集的人就越多，人们愤怒的情绪也越高涨。国民议会的代表们当然要保护王室成员免遭暴民的袭击。王室成员被当街杀害是一件非常不体面的事情，国民议会不想让自己的国家蒙受耻辱。如果人们的情绪得不到控制，王室成员在城市中穿行时一定会喋血街头。

6月25日19时，可怜的车队终于通过凯旋门进入巴黎城区，再穿过街道抵达杜伊勒里宫。当所有人到达宫殿时，在失望中挣扎的王室成员已疲惫不堪，都是半死不活的样子。路上的人实在太多，国民自卫军的士兵费了九牛二虎之力才打开杜伊勒里宫门。此时，拉斐特侯爵前来迎接王室成员。他一直以来都采取积极的措施保护王室成员。玛丽·安托瓦内特王后一看到他，就不顾自身安危，为冒死保护王室的龙骑兵们高呼道："拉斐特侯爵，快救救士兵们！"路易十六和玛丽·安托瓦内特王后从马车上下来。士兵抱着孩子们穿过人群到达宫殿。一个曾对路易十六怀有敌意的国民议会代表伸出手臂想保护玛丽·安托瓦内特王后。玛丽·安托瓦内特王后看了他一眼，愤怒地拒绝了这个人的帮助。她的朋友走上前来，扶着玛丽·安托瓦内特王后的胳膊登上通往宫殿的台阶。路易十六和玛丽·安托瓦内特王后走进了宫殿。这座豪华监狱的大门重新关闭时，外面的人群发出的雷鸣般的怒吼响彻了整个宫殿。

译名对照表

Abbe de Montesquiou	孟德斯鸠神父
Abbe Maury	莫里神父
Abbe of Colonne	科洛纳神父
Abbey St. Dennis	圣丹尼斯修道院
Aix	艾克斯
Alencon	阿朗肯
Alexandre de Calonne	亚历山大·德·卡洛纳
Algiers	阿尔吉耶
Alsace	阿尔萨斯
Anjou	安茹
Anne de Noailles	安尼·德·诺阿耶
Anne Robert Jacques Turgot	安内·罗伯特·雅克·杜尔哥
Anne-Pierre	安尼－皮埃尔
Antoine Barnave	安托万·巴纳夫
Archbishop of Aix	艾克斯大主教
Armand Marc	阿尔芒·马克
Armand Plessis	阿尔芒·普莱西
Armand-Gaston Camus	阿尔芒－加斯顿·加缪
Arnaud de La Porte	阿诺德·德·拉·波特
Arnay le Duc	阿尔奈·勒杜克

Assembly of Notables	贵族会议
Assignat	指券
Auchy	奥奇
Aufburgh	奥夫堡
Auguste Le Tonnelier	奥古斯特·勒·托内利耶
Baionne	巴约纳港
Barmond	巴尔蒙德
Baron de Besenval	贝桑瓦尔男爵
Baron de Breteuil	布勒特伊男爵
Baron de l'Aulne	劳内男爵
Baron de Nuits	尼伊男爵
Baron of Boussay	布赛男爵
Basle	巴斯尔
Bastia	巴斯蒂亚
Belgic	贝尔吉克
Bercheny	贝尔谢尼
Bernard Clugny	伯纳德·克吕尼
Bertier de Sauvigny	贝尔捷·德·索维尼
Besancon	贝萨肯
Bicetre	比塞特
Bishop of Autun	奥坦主教
Bishop of Langres	朗格勒主教
Bonne Savardin	邦内·萨瓦丁
Bonton	邦顿
Bourdeanx	布尔多
Brabant	布拉邦
Brest	布雷斯特
Brie-Robert	布里罗贝尔县
Bureau de Busy	比罗·德·比西
Bureau de Pusy	比罗·德·普西

Caen	卡昂
Cambrefis	坎布雷菲斯
Carlos IV	卡洛斯四世
Castle of Quincey	坎塞城堡
Caux	科省
Cent Companies	中央军
Chaillot	沙约
Chamber of Vacation	假期议院
Champ de Mars	战神广场
Champs Elysees	香榭丽舍大街
Chapelier	沙普利耶
Charles Castries	夏尔·卡斯特里
Charles Chabroud	夏尔·沙布鲁德
Charles Eugene	夏尔·欧仁
Chateauvieux	沙托维
Cherbourg	瑟堡
Chevaliers	舍瓦利耶
Choiseul Gouffier	舒瓦瑟尔·古菲耶
Clermentois	克莱门图瓦
Clermontoife	克莱蒙托夫
Community of Paris	巴黎公社
Compiegne	贡比涅
Comtat- Venaiffini	孔塔－维纳菲尼
Comte de Clermont-Tonnerre	克莱蒙特·通涅雷伯爵
Comte de Lapérouse	拉佩鲁斯伯爵
Comte de Mercy-Argenteau	梅西－阿让托伯爵
Comte de Montmorin	蒙莫兰伯爵
Comte d'Estaing	德斯坦伯爵
Condillac	孔狄亚克
Copet	科佩

Count d'Artois	阿图瓦伯爵
Count of Hannonville	阿农维尔伯爵
Count of Maurepas	莫勒帕伯爵
Count of Provence	普罗旺斯伯爵
Dauphiny	多芬尼省
David	大卫
de Brienne	德·布里耶纳
de Doué	德·杜埃
Defilles	德菲尔人
Demies	德西尔斯
de Pompignan	蓬皮尼昂
d'Espagnac	德斯帕格纳克
Diefback	迪耶夫柏克
Dinan	迪南
d'Ormesson	多麦颂
Douai	杜埃
Duc d'Aiguillon Armand	艾吉永公爵
Duc de Broglie	布罗伊公爵
Duc de La Vauguyon	沃古翁公爵
Duchesse de Polignac	波利尼亚克公爵夫人
Duke of Orléans	奥尔良公爵
Duveyrier	迪韦里耶
Edict of Nantz	南特敕令
Edmund Burke	埃德蒙·伯克
Efpremefnil	埃夫雷米尼
Eggs	埃格斯
Emilia	《埃米莉亚》
Enfer	昂费
Esterhazy	埃斯特黑齐

Father Gerard	热拉尔神父
Father of the People	人民之父
Fauxbourg Saint-Antoine	圣安托万福克斯堡
Faveras	法弗勒
Field of the Confederation	联邦战场
Flanders	佛兰德斯
Fort of Notre Dame	圣母堡
Fort St. Pierre	圣皮尔堡
Francis Bacon	弗朗西斯·培根
François Claude Amour	弗朗索瓦·克劳德·阿穆尔
François Denis Tronchet	弗朗索瓦·丹尼斯·特龙谢
François Louis	弗朗索瓦·路易
French Antilla Islands	法属安提拉群岛
Genevian	杰尼维亚人
Geneviève	圣吉纳维芙
Gottfried Wilhelm Leibniz	戈特弗里·威廉·莱布尼茨
Grenoble	格勒诺布尔
Guillaume Thomas Raynal	纪尧姆·托马斯·雷纳尔
Gustav III	古斯塔夫三世
Hainault	艾诺
Hall of Hercules	赫拉克勒斯厅
Helmstatt	赫尔姆斯赛特
Henry	亨利
Hotel de Ville	市政厅
Hotel des Invalides	荣军院
Isaac Newton	艾萨克·牛顿
Island of Barbe	巴尔贝岛
Island of Guadalupe	瓜达卢佩岛

Jacques de Flesselles	雅克·德·弗莱塞尔
Jacques Guillaume Thouret	雅克·纪尧姆·图雷
Jacques Necker	雅克·内克尔
Jales	雅莱斯
Jean Baptiste Treilhard	让·巴普蒂斯特·特雷亚尔
Jean de La Fontaine	让·德·拉封丹
Jean Hector	让·赫克托
Jean Jacques Rousseau	让·雅克·卢梭
Jean Joseph Mounier	让·约瑟夫·穆尼耶
Jean Louis Duport	让·路易·迪波尔
Jean Sylvain Bailly	让·西尔万·贝利
Jean-Antoine Houdon	让–安托万·乌东
Jean-Baptiste Drouet	让–巴蒂斯特·德鲁埃
Jean-Frédéric Phélypeaux	让·弗雷德里克·菲利普克斯
Jean-Louis de Lolme	让–路易·德·洛姆
John Clarke	约翰·克拉克
John Locke	约翰·洛克
Joly de Fleury	若利·德·弗勒里
Joseph II	约瑟夫二世
Jules Mazarin	朱尔·马萨林
la Galefiere	拉·加利夫耶
Lally Tolendal	拉利·托伦达尔
Lamoignon de Blancmesnil	拉穆瓦尼翁·德·马勒泽布
le Fere	勒费列
Legislature	立法机构
Leo X	利奥十世
Leopold	利奥波德
Limoges	利摩日
Limousin	利穆赞
Linguet	兰盖

Louis de Bourbon	路易·德·波旁
Louis II de Bourbon	路易二世·德·波旁
Louis Joseph	路易·约瑟夫
Louis Lebègue Duportail	路易·勒贝格·杜博泰尔
Luzerne	卢泽纳
M. D'andre	安得侯爵
M. de Cazalas	卡扎拉斯侯爵
M. de Liancour	利安库尔侯爵
M. de Noailles	诺阿耶侯爵
M. L'abbe Gregoire	格雷瓜尔神父
M. Sabbatier	萨巴捷先生
Mably	马布利
Madame de Polignac	波利尼亚克女公爵
Manage	马纳日
Marie de'Medici	玛丽·德·美第奇
Marly	马尔利
Marquis d'Argenson	阿尔松侯爵
Marquis de Favras	法夫拉侯爵
Marquis de Lafayette	拉斐特侯爵
Marquis de Launay	洛奈侯爵
Matthew Baillie	马修·拜利耶
Maximilian Francis	马克西米利安·弗朗茨
Metz	梅斯
Meudon	默东
Michel de Montaigne	米歇尔·德·蒙田
Miromesnil	米洛美思尼尔
Monarchical Club	君主俱乐部
Mont de Piete	皮耶特山
Montauban	蒙托邦
Montesquieu	孟德斯鸠

Montmedy	蒙梅迪
Muhammad	穆罕默德
Nancy	南锡
Nesham	内沙姆
Nicolas Luckner	尼古拉·卢克纳
Nogent	诺让
Noyon	努瓦永
Oliver Cromwell	奥利弗·克伦威尔
Orangery	奥朗热瑞
Palace of Saint-Cloud	圣克劳宫
Palace of Trianon	特里亚农宫
Palais-Royal	王宫广场
Pasquale Paoli	帕斯夸莱·佩奥利
Passy	帕西
Paul Jones	保罗·琼斯
Peronne	佩龙讷
Pethion	贝特松
Petion de Villeneuve	佩顿·德·维勒讷沃
Philippe I	腓力一世
Philippe Rouxel	菲利普·鲁克塞尔
Pierre Bayle	皮埃尔·培尔
Pierre d'Ailly	皮埃尔·德·埃利
Pius VI	庇护六世
Place de Greve	格雷夫广场
Port of Orient	奥连特港
Port-au-prince	太子港
Prince of Condé	孔代亲王
Prince of Conti	孔蒂公爵

Prince of Lambesc	朗贝斯克公爵
Rabaut de St Etienne	拉博·德·圣艾蒂安
Rambouillet	朗布依埃宫
Rambuillet	朗布依埃
René Nicolas de Maupeou	勒内·尼古拉·德莫普
Rennes	雷恩
Rcpublic of the Grisons	格里松共和国
Reveillon	瑞韦隆
Revolution Club of London	伦敦革命俱乐部
Rochefoucauld-Liancourt	拉罗什富科－利扬库尔公爵
Royal Allemande	阿勒芒皇家步兵团
Saint-Just	圣朱斯特
Saint-Louis Church	圣路易教堂
Saint-Menehould	圣马纳霍德
Saintonge	圣通日省
Salifamade	萨利夫玛德
Santo Domingo	圣多明戈
Sardinia	撒丁
Savonieres	萨沃尼赫
Savoy	萨伏依
Senlis	桑利斯
Siene	塞纳
Sieur Brulee	西厄尔·布吕利
Sieur Brunout	西厄尔·布鲁诺
Sieur Perrotin	西厄尔·佩罗坦
Soissons	苏瓦松
St. Genevieve Church	圣吉纳维芙教堂
St. Lazare	圣拉扎尔
St. Lazarus	圣拉扎勒斯

St. Menehold	圣梅内霍尔德镇
Stanislas-Marie Maillard	斯坦尼斯拉斯－玛利·马亚尔
Stanislaus II	斯坦尼斯瓦夫二世
Talleyrand	塔列朗
Theatins	西亚廷斯
Thevenin	迪韦宁
Thomas Fairfax	托马斯·费尔法克斯
Treguier	特雷吉耶
Troyes	特鲁瓦
Tuileries	杜伊勒里宫
Vandernoot	范德努特
Vernon	韦尔农
Victor Amadeus III	维托里奥·阿梅迪奥三世
Victor-François	维克多·弗朗索瓦
Vincennes	万塞讷
Vincent Oge	文森特·奥格
Vintimille	温蒂米勒
Viscount de Blanchelande	布朗什朗德子爵
Voltaire	伏尔泰
Voyer de Paulmy	瓦耶·德·波尔米
William Pitt the Younger	小威廉·皮特